KB164974

모두가
세상을 변화시키려고 하지만
정작 스스로 변하겠다고
생각하는 사람은 없다

· 레프 톨스토이 ·

시간을 관리하는 습관 만들기 4단계

시간 관리 시크릿

시간을 관리하는 습관 만들기 4단계

시간 관리 시크릿

윤슬

담다

당신은 시간을
어떻게 이해하고 있는가

행복을 목표로 삼지 않더라도 많은 사람이 행복에 관심이 있다. '한 번뿐인 인생을 행복하게 살고 싶다'라고 떠들지는 않지만 '행복한 인생'에 대해 궁금해한다.

「굿 라이프」에서 최인철 교수는 행복한 감정을 측정하는 PANAS(Positive And Nagative Affect Schedule)와 긍정 감정 열 가지를 소개한다. 관심 있는, 신나는, 강인한, 열정적인, 자랑스러운, 정신이 깨어있는, 영감받은, 단호한, 집중하는, 활기찬지까지. 그는 긍정 감정을 많이 경험할수록 행복한 기분을 느끼게 되고, 자연스럽게 행복한 인생으로 연결된다고 얘기한다.

그렇다면 행복한 인생과 시간은 어떤 관계가 있을까? 인생은 시간으로 이루어져 있다. 다시 말해 행복한 인생을 원한다면 행복한 시간을 보내면 된다.

시간을 잘 관리하여 긍정 감정에 해당하는 열정적인, 자랑스러운, 정신이 깨어있는, 집중하는…. 과 같은 경험을 많이 쌓으면 행복한 인생을 보낼 확률이 높아진다.

문제는 시간을 잘 관리하는 것이 쉽지 않다는 점이다. 시간 관리는 저절로 이루어지지 않는다. 의식적이며, 반복적인 훈련이 필요하다.

우선 시간을 관리하는 것이 인생을 관리한다는 인식이 필요하다. 그런 다음 우선순위에 근거하여 시간 관리 계획을 세우고, 중요하고 긴급한 것부터 실행하는 능력을 키워야 한다. 중요한 것을 중요하게 다루고, 불필요한 것을 과감하게 차단하여 시간의 주인으로 거듭나야 한다.

시간의 주인이 되기 위한 시스템과 그것을 습관

으로 만들기 위한 과정을 다룬 책이 이번 「시간 관리 시크릿」이다.

"시간이 해결해 준다는 말이 있지만, 실제로 일을 변화시켜야 하는 것은 시간이 아니라 바로 당신이다."

순수미술과 대중미술의 경계를 무너뜨리며 '팝의 교황', '팝의 디바'로 불리는 앤디 워홀이 남긴 유명한 말이다. 그는 시간의 중요성을 언급하면서 '시간의 힘을 빌린다'라는 표현을 '시간만 보내면 된다'라고 해석하는 것을 경계했다. 누구보다 시간이라는 자원을 활용하여 스스로 변화를 끌어내는 역할을 강조했다.

주위를 둘러보면 오늘이 어제와 같고, 그 전날과도 별로 다르지 않다고 말하는 사람이 있다.

하지만 날마다 새로운 날이라고 이야기하는 사람도 있다. 시간에 의지하며 매 순간 정성을 쏟는 사람도 있지만, 그저 하루라도 빨리 시간이 흐르기를 기다리는 사람도 있다. 하루를 한 덩어리로 바라보는 사람도 있지만, 시간이나 분 단위로 잘게 나누어 의미를 부여하기 위해 애쓰는 사람도 있다.

"왜 이렇게 다를까?"
"무엇이 차이를 만들어 낼까?"

「시간 관리 시크릿」은 두 질문으로부터 시작했다.

무엇보다 일을 많이 하고, 정신없이 바쁘게 살아야 한다는 것을 목표로 삼지 않았음을 분명히 밝힌다.

시간에 대한 인식, 시간 관리의 필요성과 중요성, 시스템을 구축하는 방법에 관한 내용이지 시간에 묶여야 한다는 주장이 아니다. 오히려 시간의 자유에 대해 말하려고 한다. 시간의 주인이 되어 당당하고, 자유롭게 살아가는 삶에 관해 얘기 나누고 싶다.

누구든 개인적으로 바라는 것, 예를 들어 인맥을 넓히고 싶다거나 부자가 되고 싶다거나 건강을 유지하고 싶다거나, 여하튼 그런 것이 있을 것이다. 각자 원하는 것을 이루기 위해 시간을 어떻게 바라보고, 어떻게 관리하면 목표를 이룰 수 있을지, 변화에 대한 공감을 끌어내어 시간 관리, 긍정적인 습관에 관한 소통의 역할을 하고 싶다.

며칠만 하고 그만두기보다는 시간을 관리하는

습관에 대한 새로운 관점과 시각을 중점적으로 다루었다. 그 방향에서 시간을 어떻게 인식하고 있는지에 대한 질문을 시작으로, 시간을 잘 관리하는 사람의 특징, 시간을 관리하는 습관 만들기 4단계, 시간 관리 전문가 되기 위한 10가지 전략 순으로 책을 구성했다.

시간에 대한 호기심이 있다면 시간 관리의 중요성을 인식하게 될 것이고, 시간 관리를 통해 목표를 이루고 싶다면 시간을 관리하는 방법을 배우게 될 것이다.

너무 바쁘게 생활하고 있다고 생각하고 있었다면, 왜 이렇게 시간에 쫓기는지 이유를 알게 될 것이고, 시간이 너무 많아 걱정이라고 얘기했다면 시간이 소중한 자원이라는 깨달음을 얻게 될 것이다.

좋은 습관이 좋은 인생을 만든다는 말이 있다. 시간을 관리하는 좋은 습관이 좋은 인생, 행복한 인생으로 이어지기를 희망해본다.

당신의 시간이 따뜻한 시선으로 주인을 기다리고 있다. 당신의 시간이 당신을 위해 노래하고, 춤추고, 일하기 위해 기다리고 있다. 처음의 의도가 오래 살아남아 제대로 잘 전달되고, 그 일에 쓰임이 있기를 진심으로 소망한다.

2024년 새로운 마음으로
윤슬

당신의 시간을 관리하고 있는가?
당신의 인생을 관리하고 있는가?
당신은,
당신을 관리하고 있는가?

차례

제1부 특별한 일도 없는데 왜 이렇게 바쁘지?

제2부 시간 관리에 대한 오해

제1부

특별한 일도 없는데
왜 이렇게 바쁘지?

인생에서
당신이 가진 유일한 자산은 시간이다.
그 시간을
당신을 향상시키는
멋진 경험을 쌓는데 투자한다면,

손해 볼 가능성은 없다.

· 스티브 잡스 ·

당신을 찾아온
1,440분

하루 24시간을 분으로 환산하면 1,440분이다.

하버드 대학에 입학하면 가장 먼저 배우는 것이 시간 관리이다. 매일 똑같이 주어지는 24시간, 1,440분을 어떻게 보내느냐가 성과에서, 인생에서 차이를 만들기 때문이다. 추구하는 것, 원하는 것을 이루기 위해 하루(1,440분)를 오롯이 자신을 위해 활용하면 성공하는 사람이 될 수 있다고 배운다. 하이럼 스미스는 저서 『성공하는 시간 관리와 인생 관리를 위한 10가지 자연법칙』에서 "시간을 잘 관리하면 인생을 잘 관리할 수 있다"라고 말하기도 했다.

유명 대학에서, 시간 관리의 대가인 사람이 나서서 시간 관리를 목표 관리, 인생 관리와 연결 짓는 이유는 무엇일까?

이유는 의외로 간단하다. 원료이기 때문이다. 제조업에서 자재가 원료라면, 자동차에 기름이 원료라면, 우리에겐 시간이 원료이다. 어떻게 해볼 수 있는 유일한 자산이다. 원료는 가공하고 다듬는 과정을 제외하더라도 그 자체로서 가치가 있다. 그러니까 시간은 누구에게나 주어지는, 누구나 균등하게 활용할 수 있는 최상의 원료이다.

그런데 시간이 지닌 특성 중의 하나가 무의식의 영향을 많이 받는다는 점이다.

의식적으로 '이렇게 해야지', 혹은 '다음에는 저

것을 해야지'라고 생각하고 행동하지 않으면 기존에 해 오던 것을 옳은 것으로 이해하여 반복하려는 습성이 있다. 옆에서 '이게 더 낫지 않을까?'라고 새로운 자극이 들어오기 전에는 알아차리지 못한다. 밥을 먹을 때 소리를 많이 내는 것, 말을 할 때 높은 톤으로 시작한다는 것을 인식하지 못하는 것처럼, 스스로 시간을 어떻게 인식하고 있는지 모르는 경우가 많다.

시간을 잘 관리하고 싶은 사람이 가장 먼저 해야 할 일은 스스로 시간을 어떻게 맞이하고, 인식하는지 파악하는 것이다.

기계에 고장이 생겼다고 망치를 가지고 두드릴 게 아니라 해결 방법을 찾기 위해 원인 분석이 필요한 것처럼, 시간 관리를 접근하는 방법도 다르지 않다. 일과를 언제, 어떤 방식으로 시작하는지, 어떤 기준으로 일의 순서를 정하는지, 무엇을 하면서 시간을 제일 많이 보내고 있는지, 원하는 것을 위해 노력한 시간이 어느 정도인지, 소중한 사람과 함께 보내는 시간은 얼마만큼인지 점검이 필요하다.

하루, 일주일, 한 달 정도만 당신의 시간을 추적해서 기록하면 놀라운 사실을 발견할 것이다. 원한다고 하면서도 미루기만 한다는 것을, 힘들다는 이유로 외면한다는 것을, 긴급한 일이라고 생각하면서도 긴급하지 않게 행동한다는 것을, 새롭게 거듭나고 싶다고 말하면서 반복적인 일만 계속했다는 것을 말이다.

무엇이든 해 보기 전에는 알 수 없는 것이 있다.

시간을 관리하는 일이 그렇다. 당신이 하루를

어떻게 보내고 있는지 당신의 시간을 추적하고 기록해야 한다.

만족할 만한 성과를 얻었는지, 허투루 보낸 시간이 단 10분 없는지가 중요한 게 아니다. 시간 관리를 잘했는지, 못했는지 가려내어 스스로 자책하기 원망하기 위함도 아니다. 당신이 어떻게 시간을 보내고 있는지, 무엇을 하면서 시간을 채우고 있는지 점검해 보자는 것이다.

"오늘 할 일이 있었는데, 뭐였더라….."
"깜빡했네….. 내일 하면 되겠지?"
"중요한 일이긴 한데, 하기가 싫어서….."
"다음에 하지 뭐….."
"오늘 안 한다고 큰일나겠어?"

하루 1,440분. 일주일이면 10,080분. 한 달이면

43,200분이다. 특별한 일이 없는데 왜 이렇게 바쁘냐고 말할 수도 있지만, '이것을 해냈어!'라고 환호성을 치는데 쓰일 수 있는 시간이다. 하루가 아닌 1,440분이라는 관점으로 오늘부터 다시 시작해 보자.

하루 24시간, 1,440분의 힌트는 당신이 자주 하는 말 속에 담겨 있다. 당신이 자주 하는 말은 어떤 것인가? 당신이 반복하는 행동은 무엇인가? 무심히 내뱉는 말과 행동 속에 당신이 시간을 다루는 태도가 숨어있다.

힘들다는 이유로 외면하지 않았는가?
바쁘다고 얘기하면서
바쁘지 않은 것처럼 행동하지 않았는가?
새로워지고 싶다고 말하면서
반복적인 일만 하지 않았는가?

당신의 말과 행동에
시간 관리를 위한 힌트가 있다.

시간을 잘 관리하는
사람들의 특징

'시간은 돈이다'라는 말은 너무 식상하지만, 시간이 귀하다는 것을 부정할 수 있을까? '시간이 돈이다'라는 말의 가치를 제대로 이해하는 사람이 얼마나 될까?

시간을 귀하게 다루는 사람 혹은 시간 관리를 잘하는 사람에게는 공통점이 있다. 그들은 '시간이 남으면 무엇을 하겠다'라는 방식으로 접근하지 않는다. 그들은 시간을 소중한 자산으로 인식한다. 자신의 시간을 돈으로 환산하여, 한 시간이 얼마만큼의 가치를 지니고 있는지 명확하게 얘기한다.

그들은 시간을 인생 계획과 맞물려있다는 생각으로 우선순위를 정하고 자기가 설정한 기준에 따라 시간을 할당하여 최고의 성과를 발휘하기 위해 노력한다. 마치 시간이 목표를 이룰 수 있도록 돕는 유일한 도구로 여기는 모습이다.

시간이 소중하다는 것을 알고 있으면서도 가볍게 여기는 사람이 의외로 많다. 다른 사람의 시간도 자신의 시간처럼 여겨 함부로 대하기도 한다. 하지만 그들은 다르다.

시간 관리를 잘하는 사람은 이러한 상황을 경계한다. 시간에 대해 누구보다 철저하다. 자신의 시간이든, 타인의 시간이든 함부로 대하는 일이 없다. 자신의 시간을 소중하게 다루는 만큼 타인의 시간에 대해서도 함부로 대하지 않고, 예의를 갖춘다.

또한 시간을 잘 관리하는 사람은 "바쁘다"라는 말을 자주 하지 않는다. 정말 일이 없어서 바쁘지 않은 걸까. 완벽하게 준비해서 바쁘지 않은 걸까. 그렇지 않다. 그들은 서두르는 일이 생기지 않도록, 평온함을 유지할 수 있도록 시간을 관리하고 있을 뿐이다. 예상하지 못한 중요한 일이나 긴급한 상황에 대처하기 위한 시간까지 확보하려고 노력한다.

여기서 기억할 것은 그들이 시간에 대해 누구보다 유연하다는 점이다. 소중하고 중요한 것을 해내기 위해 계획에 차질이 생기고 시간이 연장되는 것을 거부하지 않는다. 그런 시간을 두고 아깝다고 말하지도 않는다. 통제력을 발휘하여 상황에 대해 탄력적으로 움직인다. 반면, 불필요한 것들로 인해 자신의 시간이 방해받는 상황은 최대한 차단한다. 왜냐하면 어떤 경우에도 그냥 흘려보내도 되는 시간은 없다고 생각하기 때문이다.

그들은 시간에 대해 늘 깨어있는 자세를 유지한다. 소중한 일에 자신의 시간을 쓰겠다는 마음을 확고하게 지켜나간다. 시간을 어떻게 보내고 있는지, 이제 무엇을 해야 하는지 자발성을 발휘해 선택하고 실행한다. 관성에 이끌려 무의식적으로 처리하지 않기 위해 노력한다. 그들은 시간에 대한 긴장감을 늦추지 않으면서 유연하게 대응하는 힘이 있다.

시간을 잘 관리한다는 사람은 '시간=인생'이라고 얘기한다. 인생은 시간으로 이루어져 있고, 시간을 잘 보내는 것이 인생을 잘 살아가는 비결이라고 말한다.

의미 있는 시간으로 채워나가면 의미 있는 인생, 품격 있는 인생, 후회 하지 않는 인생이 된다. 당신의 시간을 의미 있는 일, 품격 있는 일, 후회하지 않을 일에 활용해야 한다. 가족과 함께 보내는 시간, 감정을 다스리기 위해 보내는 시간, 배움을 이어나가는 시간, 전력 질주하면서 달리는 시간으로 일상을 채우면 행복한 인생이 될 거라고 믿어야 한다.

모든 측면에서 시간을 이해하기 위해 노력해 보자.

자신이 세운 중요한 일을 해냈는지, 해내지 못했는지, 아쉬움은 없었는지, 예상하지 못한 상황이 생기면 어떻게 하면 좋을지 오늘부터 점검해 보자. 다이어리를 활용하거나 시간 계획표, 스케줄러를 활용하여 시간을 관리하는 습관을 만들어 보자.

기억하자.

시간은 저절로 관리되지 않는다.

충만한 마음으로 하루를 잘 보냈다는 생각은 잠자리에 들 때 마음을 편안하게 만들어준다. '인생을 잘살고 있어'라는 마음까지는 아니어도 '오늘 하루 후회 없이 잘 보냈어'라는 마음을 가지게 한다. 시간을 잘 관리하여 일과를 마무리한 사람은 잠자리에서 누구보다 평온하다.

.

시간을 잘 쓴다는 것

시간을 잘 쓴다는 말에는 내적 동기를 바탕으로 한 '의지'가 포함되어 있다. 시간을 잘 컨트롤하여 성과를 내겠다는 다짐이 담겨있다. 자신의 선택과 결정에 대한 당연한 요구로 요구로 받아들여 원하는 결과를 만들겠다는 주체성의 발현이다.

하지만 '시간을 잘 쓴다'라는 말에서 '잘'이라는 단어는 유심히 살펴볼 필요가 있다. '잘'은 숫자 또는 결과물로 설명할 수 있지만 그렇지 않은 영역도 포함한다. 표현하기 어려운 감각적인 영역 같은 것 말이다. 생산적인 측면에서의 '잘'

도 있지만, 개인적인 만족, 벅차오르는 감동에서 나오는 '잘'도 존재하기 때문이다.

직장에 출근하기 전의 모습을 상상해 보자. 알람이 울렸다. 잠자리에서 일어나기 싫었다. 잠자리에서 10분만 더 자고 일어날 생각이었는데 그만 늦잠을 자게 되었다. 아파트 입구에서부터 막히는 출근길을 생각하니 마음이 답답해져 온다. 갑자기 짜증과 함께 불쾌감이 밀려온다. 다급하게 손에 샴푸를 묻혀 머리를 감으면서 혼잣말한다.

'알람 소리가 들렸을 때 일어났더라면'
'10분만 일찍 일어났더라면'

이번에는 조금 다른 상황을 가정해 보자. 알람이 울렸다. 잠자리에서 일어나기 싫었다. 하지만 출근길을 생각하니 억지로 몸을 일으키는 게 나을 것 같았다. 힘들게 일어나 물을 한 잔 마셨다. 천천히 욕실로 들어가 손에 샴푸를 묻혀 샤워기로 머리를 감으면서 생각한다.

'10분만 더 자려고 하다가 늦잠이라도 잤으면 아주 바빴을 거야'
'힘들었지만 일어나기를 정말 잘했어.'

급한 마음으로 바쁘게 현관문을 밀치고 나가는 사람, 기분 좋은 발걸음으로 천천히 현관문을 나서는 사람 중에서 당신은 어떤 사람이 되고 싶은가?

시간을 잘 쓰는 사람은 자신과의 대화에 능숙하다. 그들은 누구보다 자신에 대해 잘 알고 있다. 시간에 쫓기면 짜증을 내고 우울감에 빠질 거라는 사실을 알고 있다. 그 감정이나 상황이 다음 일정이나 상황에 영향을 준다는 것도 알고 있다. 그러므로 애초에 그런 상황을 만들지 않으려고 노력한다. 미루고 싶은 마음을 애써 다독여 상황을 바꾼다.

단 10분이지만 하루를 시작하는 출발점이 완전히 달라질 수 있다. 흐림과 맑음, 우울감과 만족감, 부정 감정과 긍정 감정, 답답함과 자신감처럼 따뜻한 봄날의 아침을 맞이하느냐 몸이 잔뜩 움츠린 겨울 아침이 되느냐가 10분으로 결정 날 수 있다.

시간을 잘 쓰는 사람은 타인으로부터의 평가로 춤을 추는 것이 아니라 자신이 이룩한 일을 통해 기쁨을 느낀다. 거창하지 않아도 스스로 만족감을 느낀다면, 제법 근사하지 않을까?

'알람 소리가 들렸을 때 일어났더라면'
'10분만 일찍 일어났더라면'

vs

'10분만 더 누워있으려다가
늦잠이라도 잤으면 아주 바빴을 거야'
'힘들었지만 일어나기를 정말 잘했어.'

시간관리가 꼭 필요할까?

매일 86,400원을 공짜로 받는다면?

86,400원으로 재테크하는 사람이 있을 것이고, 자기 계발을 위해 공부를 시작하는 사람도 있을 것이다. 건강을 위해 운동을 시작하거나 은행에 저축하는 사람도 있을 것이다. 목표는 다르겠지만, 상황을 유지하거나 일부를 수정하거나 아니면 완전히 새롭게 시작하는데 어떤 방식으로든 86,400원을 활용할 것이다.

벌써 알아차렸겠지만, 하루를 초로 환산하면 86,400초이다.

벤저민 프랭클린은 자기만의 시간 관리 법칙을 만들어 평생을 지켜나갔다. 자신이 중요하게 여기는 가치를 기준으로 우선순위를 부여하고 시간을 배분하는 방식으로 86,400원을 관리했다.

그는 자신의 하루를 일하는데 9시간, 잠자는데 7시간, 식사와 여가에 5시간, 독서와 자기 계발에 3시간으로 정해놓고 철저하게 관리했다. 또한 사색을 통해 자신이 인생에서 갖추어야 할 덕목 13가지를 정한 뒤, 그것을 지키는 노력도 게을리하지 않았다. 그런 노력 덕분에 자신이 생각하는 완벽한 경지에 이르지는 못했지만, 조금 더 선량하고 행복한 사람이 될 수 있었다고 그의 자서전에 고백했다.

프랭클린은 자신의 인생에서 소중한 것이 무엇

인지를 알아낸 후, '소중한 것을 소중하게 다루기 위해 어떻게 해야 할까?'의 방향에서 시간에 접근했다. 중요하게 여기는 덕목을 일상에서 실천하여 인생 전체를 조망하는 형식을 취한 것이다.

오늘이라는 시간 속에 일관성 있는 생활방식을 실천하면 원하는 인생을 만들 수 있다고 믿은 것이다. 그에게 '인생'은 곧 '오늘'이었다.

'인생=오늘=86,400원'

일하는데 9시간, 잠자는데 7시간, 식사와 여가에 5시간. 그는 일하는데 32,400원, 잠자는데 25,200원, 식사와 여가에 18,000원, 독서와 자기 계발에 10,800원을 쓴 셈이다.

프랭클린은 일하는 데에만 시간을 쓴 게 아니다.

독서와 자기 계발에 모든 시간을 활용하지 않았다. 균형 잡힌 식사처럼 고정적으로 해야 하는 것은 물론, 원하는 것과 바라는 것을 이루기 위한 시간도 아끼지 않았다. 식사와 여가 시간까지 정해 지키려고 노력할 정도였으니 얼마나 시간을 소중하게 다루었는지 짐작이 간다.

그는 누구보다 일찍 알아차렸다. 인생은 결국 시간으로 이루어져 있다는 것을, 뿌린 대로 거둔다는 것을, 세상에는 공짜가 없다는 것을, 원칙만큼이나 실행이 중요하다는 것을, 미래는 현재 무엇을 하는가에 달려있다는 것을.

시간을 관리한다는 것은 시간에 묶인다는 의미가 아니다. 시간을 주도적, 자발적으로 제어하겠다는 뜻이다.

그러니까 시간의 지배를 받지만, 시간을 지배하는 힘을 키우는 것이 최종 목표이다.

매일 86,400원을 공짜로 받는 지금, 당신이 시간을 어떻게 활용하고 있는지 점검해 본 적이 있는가? 얼마의 돈을 어떤 일에 활용하고 있는지 살펴본 적이 있는가? 원하는 것을 이루기 위해, 소중한 사람과 함께 보내기 위해 활용하는 시간이 어느 정도인지 살펴본 적이 있는가?

인생은 당신이 활용한 시간의 합계에 불과하다.

누군가 이렇게까지 고민하고 생각할 필요가 있겠냐고, 눈앞에 닥친 문제만 잘 해결하면 되지 않느냐고 얘기할 수 있다.

원하는 것이 없다면, 소중한 사람과 시간을 함

께 보내지 않아도 괜찮다면, 배움을 통한 성장을 이뤄내고 싶지 않다면, 보람을 느낄 수 있는 어떤 성과를 만들어 내고 싶지 않다면 괜찮다. 지금까지 해 오던 대로 그대로 하면 된다.

하지만 원하는 것을 이루고 싶은 마음이 있다면, 사랑하는 가족 혹은 친구와 많은 시간을 보내고 싶다면, 호기심을 유지하는 삶을 이어나가고 싶다면 지금부터 다르게 접근해야 한다. 단지 며칠의 문제가 아닌 인생 전체의 관점에서 새롭게 접근해야 한다.

단지 며칠의 문제가 아니라
인생 전체의 관점에서
새롭게 접근해야 한다.

인생은
당신이 활용한 시간의 합계에 불과하다.

시간 관리에 실패하는 이유

시스템은 계획을 세우고, 실행에 옮긴 다음 피드백 받는 과정을 반복적으로 수행한다는 의미가 담겨있다. 계획을 세운다고 그대로 진행되는 것도 아니고, 실행에 옮겼다고 해도 결과를 장담하기 어렵다. 변수가 생겨 예상을 벗어난 상황도 마주해야 한다. 피드백 역시 듣기 좋은 말이 아닐 때가 많다.

하지만 그런데도 반복적으로 수행하여 미숙한 부분을 개선하고 하나씩 고쳐나가면 발전한다. 이것이 시스템이 지닌 가장 매력이다.

지금부터라도 시간을 관리하겠다고 마음먹었다면 시간을 관리하는 것도 시스템이라는 인식이 필요하다. 시스템의 특성을 이해하여 계획, 실행, 성찰의 과정을 갖춰야 한다.

시간 관리는 시스템이며, 당신이 시스템을 어떻게 활용하느냐에 따라 완전히 다른 결과가 만들어진다. 그런 까닭에 계획을 세워야 한다는 것부터 부담스럽게 느껴질 수 있다. 어렵게 계획을 세워 실행에 옮겼지만 예상하지 못한 방해 요소를 만나 좌절감을 맛볼 수도 있다. 여러 번 시도해 보았지만, 만족할 만한 결과가 나오지 않을 때는 의구심이 생겨날 수도 있다. 하지만 그 과정에서 놓아버리는 순간, 시간 관리는 끝이 난다.

'역시 시간 관리는 아무나 하는 게 아니야.'

지금부터라도 시간을 관리하겠다고 마음먹었다면, 모든 가능성을 열어두고 시작해야 한다.

시스템을 구축하는 일은 만만한 작업이 아니다. 한순간에 만들어지지 않는다. 며칠 노력했다고 완성되지 않는다. 말 그대로 '시스템'이다.

또한 당신은 시스템을 구축하는 동시에 감시자 역할을 해야 한다. 노력과 결과가 조화를 이루지 않고, 예상을 벗어난 상황이 연출되어 포기하고 싶어 하는 마음을 다독여야 한다.

그러면서 자신을 향해 수십 번 들려줘야 한다.

시스템은 계획과 실행, 피드백을 통해 점진적으로 향상된다는 것을, 당신의 시간 관리 능력도 점진적으로 향상된다는 것을, 당신은 인생을 위한 시스템을 만드는 것이지 생일 이벤트를 준비하는 게 아니라는 것을.

보이지 않는 시간으로부터 당신을 억압하고 통제하려는 것이 아니다. 누군가를 위해, 사회적 기준에 맞추기 위해, 멋진 사람으로 보이기 위해, 시간에 충성 맹세를 하라는 것도 아니다.

지금까지 시간 관리에 실패한 것이 아니라 시간을 관리하는 접근방법에서 실패했다. 시간 관리도 시스템이라는 인식으로 당신의 시간을 보호하겠다고 접근하면 충분히 승산 있다. 지금, 이 순간에도 다른 사람에게 빌려올 수도 없고, 누군가에게 빌려줄 수도 없는, 황금으로 살 수 없는 시간이 흐르고 있다. 당신의 시간을 보호해야 한다.

제2부

시간 관리에 대한 오해

시간은 인생의 동전이다.
시간은 네가 가진 유일한 동전이고,
그 동전을 어디에 쓸지는
너만이 결정할 수 있다.

당신 대신 다른 사람이
그 동전을 써버리지 않도록 주의하라.

· 칼 샌드버그 ·

시간 관리를 하지 않는 사람은
게으르다?

예상을 빗나가는 일이 자꾸 생겨나면 누구든 상실감을 느낀다. 고통이든, 열등감이든, 우울감이든 원하지 않는 감정을 경험하게 된다. 부정적인 감정을 반복적으로 경험한 사람은 그런 상황이 만들어지는 것에 불편을 느낀다. 그래서 공격이 아닌 자기방어를 선택하여 자신을 힘들게 하는 상황은 가능한 한 피하려고 한다.

많은 사람이 시간을 잘 관리하고 싶어 한다. 게으르다고 보이는 사람조차도 말이다. 시간 관리를 하지 않는 사람을 두고 게으르다고 표현하기도 한다. 하지만 공부를 잘하고 싶지 않은 학생이 없는 것처럼, 시간 관리를 잘하고 싶지 않은 사람은 없다. 게으른 것이 아니라 자기방어에 빠진 건지도 모른다.

평가 대상이 되고 싶지 않다는 마음, 예상을 빗나가는 결과를 마주하고 싶지 않다는 마음, 책임감으로 자신을 괴롭히고 싶지 않다는 마음, 부정적인 감정을 반복하고 싶지 않다는 마음을 피해 가장 안전해 보이는 선택을 했을 수 있다.

무리한 목표로 계획을 세우거나 약간의 여유시간도 없이 빠듯하게 시간 계획을 세우면 성공 확률은 높지 않다. '누구보다는 잘해야지'라는 방식으로 동기를 부여하는 방법도 지속하기 어렵다. 자신에 대한 이해 없이 시간을 잘 관리하겠다고 덤비는 사람은 얼마만큼의 땅이 필요한 지도 모르고 길을 걷던 톨스토이 작품 속 주인공과 다르지 않다. 시간을 관리해서 얻는 것은 '누구보다 더'가 아니라 '어제보다 나은 나'라는 사실을 기억해야 한다.

'공격이 최상의 방어'라고 했다. '안 하는 것보다는 하나라도 하는 게 더 낫다'라는 말도 있다. 조금이라도 더 나은 모습을 갖추고 싶다면, 부정적인 감정 속에서 허둥대고 싶지 않다면 적극적으로 뛰어들어야 한다. 누구도 당신을 대신해 공격하고 경험하고 시간을 관리해 주지 못한다. 각자 자신에게 주어진 시간을 감당하는 것만으로도 다들 넘치게 다이내믹(dynamic)하다.

처음에 너무 무리한 계획을 세웠을 수 있다. 자기가 원하는 것이 아니라 누군가가 좋다고 하는 목표를 가져왔을 수도 있다.

완벽하지 않으면 시도하지 않은 것만 못하다는 함정에 빠졌을 수도 있다. 하다가 그만두면 하지 않는 것만 못하다는 얘기도 잊어버리자. 하다가 그만두어도 애쓴 것은 당신 안에 남아 있다.

다른 사람들이 어떻게 평가할지 걱정하지 말자. 그들도 다르지 않다. 넘어지고, 나아가기를 반복할 뿐이다. 배는 항구에 정박해 있기 위해서 만들어지지 않았다. 당신의 배가 출항을 기다리고 있다. '나도 할 수 있다'라는 믿음으로 돛을 올려보자.

시간 관리는
여유 있을 때 한다?

"이 순간 가장 후회되는 일이 무엇인가요?"

죽음을 눈앞에 둔 사람들에게 어려운 질문이 던
져졌다. 1,000명의 말기 암 환자들이 대답했다.

사랑하는 사람에게 고맙다고 말했었더라면,

진짜 하고 싶었던 일을 했었더라면,

조금만 더 친절했었더라면,

꿈을 꾸고 그것을 위해 노력했었더라면,

죽도록 일만 하지 않았더라면,

조금만 더 겸손했었더라면,

만나고 싶은 사람을 만났었더라면,

감정에 휘둘리지 않고 살았더라면,

가고 싶은 곳에 여행을 갔었더라면,

살아온 증거를 남겼었더라면,

삶과 죽음의 의미를

조금 더 깊이 생각했었더라면,

건강을 소중하게 생각했었더라면

얼마나 좋았을까.

말기 환자들의 고통을 덜어주는 호스피스 전문의가 쓴 「죽을 때 후회하는 스물다섯 가지」에 소개되는 내용이다.

가끔 시간 관리는 여유 있을 때 하는 거라고 얘기하는 사람이 있다. 당장은 바빠 시간 관리할 틈이 없다고 말한다. 그러면서 나중에 여유가 생기면 그때부터 제대로 시간을 관리할 거라고 얘기한다.

하지만 그렇게 말하는 사람에게는 공통점이 있다. 시간이 흘러 나중이 되어도, 여유 있는 시간이 생겨도 비슷한 말을 반복한다는 것이다. "당장은 바빠서 안 되고 나중에 여유가 생기면 그때부터 시작할 거예요."라고.

"정말 일이 많아서 바쁜 것일까?"
"나중에 여유 있는 시간이 생길까?"

정말 많은 일을 하는, 해야 할 일이 많아 보이는 사람은 "바쁘다"라는 말을 별로 하지 않는다. 그런 말을 할 시간에 자신도 모르게 상황을 바쁘게 만든 것은 아닌지, 중요하지도 않은 일에 매달려 쫓기는 것은 아닌지 꼼꼼하게 살펴본다.

애초에 그런 상황을 만들지 않기 위해 노력할 뿐만 아니라 그런 상황이 벌어지면 어떻게 하면 문제를 해결할 수 있을지에 집중한다. 그러니까 "바쁘다"라는 말은 그들에게 의미 없음이다.

정말 나중에 여유 있는 시간이 생길까?

여유에 대한 정의부터 살피는 게 먼저일 것 같다. '여유'의 사전적 정의는 두 가지로 나온다. 하나는 물질적으로, 정신적, 시간상으로 넉넉한 상태이다. 다른 하나는 느긋하고 차분하게 생각하고 행동하는 마음 상태, 대범하고 너그럽게 일을 처리하는 마음 상태라고 되어 있다.

그러니까 어디에도 '아무것도 하지 않는'을 의미하는 단어는 없다. 평온함, 차분함, 너그러움의 뜻을 지닌 단어가 반복될 뿐이다.

여유는 시간의 문제가 아니라 마음의 문제이다.

여유 있는 시간은 언제든 만날 수 있으면서 한 번도 만나지 못할 수 있다.

여유 있는 시간이 생기면 시작하겠다? 여유 있는 시간이 만들어지면 시간을 관리하겠다? 지금은 아니지만 나중에는 할 수 있을 것 같다? 오류가 느껴지지 않는가? 고개가 갸웃거려지지 않는가?

'바쁘다'라는 말에는 중독성이 있다. 계속 사용하다 보면 무의식적으로 반복하게 된다. 정말 바쁜 경우뿐만 아니라 그렇지 않은 경우에도 습관적으로 내뱉게 된다. '행복에 나중은 없다'라는 말이 있다. 시간을 관리하는 것도 비슷하다.

시간 관리에 나중은 없다.
시간 관리를 하기 제일 좋은 때는 지금이다.

여유는 시간의 문제가 아니라
마음의 문제이다.

여유 있는 시간은
언제든 만날 수 있으면서
한 번도 만나지 못할 수 있다.

시간 관리는
젊은 사람만 필요하다?

"시간 관리는 젊은 사람이나 하는 거지?"
"나이 든 사람이 무슨 시간 관리?"

'시간을 관리하는 것이 인생을 관리하는 것이다'라는 제안에도 불구하고 가끔 듣게 된다. 그런 이야기를 들을 때마다 디오게네스의 말이 떠오른다. 이웃 사람이 나이 많은 디오게네스에게 그만 쉬어야 하지 않겠냐고 말을 건넸다. 그가 대답했다.

"경기장에서 달리기 하고 있는데, 멀리 결승점이 보인다고 달리기를 멈춰야 하겠는가?"

젊을 때는 젊으니까 잘 살아야 하고, 늙으면 늙었으니까 더 잘 살아야 한다는 말이 있다.

나이가 많은 것에 대한 무거운 책임감을 이야기하는 게 아니다. 인생 전체를 바라보는 관점에서 젊을 때는 제대로 몰랐지만, 나이가 많아지면 경험이 쌓여 가치관을 지켜나가는 일이 보다 수월해진다는 의미이다.

'끝날 때까지는 끝난 게 아니다'라는 말처럼 나이가 많아졌다는 이유로 시계를 멈출 이유가 없다. 백세시대라고 불리는 현대사회에서는 더욱 그렇다. 미성숙해서 잘 몰랐고 의지를 발휘하기보다는 의무감이나 책임감으로 시간을 보냈다면, 경험과 지혜가 쌓인 지금은 주도적으로 의지를 발휘할 수 있는 시간이 훨씬 많아졌다.

「백 년을 살아보니」의 저자이며 철학가이자 수필가인 김형석 교수는 오전 6시에 일어나 하루를 맞이한다. 무리하지 않는 범위에서 수영을 비롯해 틈틈이 운동한다고 했다. 고령에도 불구하고 식사 시간을 정해놓고 챙겨 먹고 있으며, 일이 있다는 사실에 감사한 마음으로 강의를 다니는 김형석 교수는 말한다.

"무조건 오래 사는 것이 아니라 스스로도 행복하고, 존경과 관심을 받는 사람으로 살아가는 것이 중요하다. 주변에 너무 일찍 일생을 끝냈다고 말하는 사람이 많다. 20대에 50대를 바라보고, 50대에 80대를 바라볼 수 있어야 한다."

나이와 상관없이 인생은 소중하다. 주어진 상황에 감사하며 오늘 하루를 잘 꾸려나가는 일에 나이가 많고 적음은 의미 없다.

'어제 죽어간 이가 그토록 바라던 내일이 오늘이다'라 말은 단순히 멋있어 보이려고 만든 게 아니다.

남아 있는 시간을 모르는 것은 모두 똑같다. 남아 있는 시간을 계산하는 것보다 오늘 주어진 시간에서 최선을 다하는 것이 지혜로운 선택이다. 오늘이 당신이 가진 전부이다. 내일은 내일 해가 떠야 알 수 있다. 오늘이 무한히 반복될 것처럼 살아보자. 끝나는 날까지 끝을 모르는 사람처럼 살아보자. 내일은 내일에 맡겨놓고, 오늘을 최대로 살아보자.

오늘이 당신이 가진 전부이다.
내일은 내일 해가 떠야 알 수 있다.

오늘이 무한히 반복될 것처럼 살아보자.
끝나는 날까지
끝을 모르는 사람처럼 살아보자.

내일은 내일에 맡겨놓고,

오늘을 최대로 살아보자.

시간 관리는
회사 CEO에게만 해당한다?

CEO, 그들은 누구인가? 회사를 운영하면서 나아가야 할 방향과 목표를 세우는 사람이다. 목표를 달성하기 위해 어떤 전략을 세울지, 팀을 어떻게 구성할지 고민하고, 회의를 주도하고, 문제가 생기면 적극적으로 해결 방법을 찾는 사람이다.

장기적으로 투자할 부분이 있으면 과감하게 투자하고, 불필요한 부분에 대해서는 냉정한 판단으로 포기하는 사람이다. 자기 생각과 판단, 행동이 미칠 영향력에 대해 누구보다 많이, 잘 알고 있는 사람이다.

많은 CEO가 업무를 더욱 효율적으로 처리하기 위해, 시간의 가치를 극대화하기 위해 비서나 매니저를 곁에 둔다. 원하는 방향으로 일을 추진하고, 예상하지 못한 일에 대응하고, 문제가 발생하면 적절하게 대처하기 위함이다.

시간은 '어떤 일에 대한 대응'이라는 정의처럼, CEO는 소중하고 중요한 일에 자신의 시간을 효율적으로 활용하고 싶어 한다. 그렇다면 CEO는 회사에만 존재할까?

그렇지 않다. 우리는 모두 각자의 인생에서 CEO이다. 결정권을 가지고 자신이 추구하는 방향으로 삶을 이끌어가는 CEO이다. 문제가 생기면 이를 적극적으로 해결하기 위해 최전선에 서야 하는 CEO이다.

그릇된 선택에 대한 책임은 물론 노력과 끈기로 이룬 성과에 대해 가장 큰 혜택을 얻을 CEO이다. 기업의 CEO가 근무시간을 정해놓고 일하지 않는 것처럼, 잠자리에서 일어난 순간부터 다시 이불 속으로 몸을 밀어 넣을 때까지 주어진 시간을 잘 관리해야 하는 우리는 CEO이다.

당신의 시간을 관리해야 한다. 오히려 회사의 CEO보다 더 철저하게 관리해야 한다. 비서도, 매니저도, 관리자도 없다.

짧게는 몇십 년, 길게는 백년에 가까운 시간을 잘 보내기 위한 연구를 게을리해서는 안 된다. 진정 원하는 것이 무엇인지를 고민하는 데에도 시간을 활용해야 하고, 눈앞에 닥친 일을 해결하는 데에도 시간을 배분해야 한다.

장기적인 안목으로 자신에게 투자하고, 불필요한 것은 차단하면서 시간을 관리해야 한다. 당신의 삶을 잘살아 보고 싶다면, 주어진 시간을 잘 활용하고 싶다면, 당황하는 일이 생기지 않도록 하고 싶다면, 나중에 후회하는 상황을 만들고 싶지 않다면 지금부터라도 CEO임을 자처해야 한다.

매달 새로운 결심을 하게 되더라도, 예상하지 못한 상황으로 일정을 조절하게 되더라도 당신이 CEO라는 사실을 반드시 기억하자.

시간 관리를 잘 하려면
적게 자야 한다?

"모모라는 여자아이에게는 특별한 재능이 있었습니다. 말을 잘 들어주는, 모모에게 이야기를 하는 동안 스스로 문제를 해결할 수 있도록 도와주는, 아주 특별한 재능이 있었습니다. 그 소녀에게는 아주 친한 기기와 베프 할아버지가 있었습니다. 어느 날 그 아이가 살고 있는 마을에 낯선 회색 신사들이 나타납니다. 그들은 아주 신기한 이야기를 합니다. 시간을 저축해드립니다. 시간을 저축하세요…."

미하엘 엔데의 책 「모모」는 나중에 모모가 시간을 저축해야 한다는 회색 신사의 비밀을 알아내어 마을 사람과 친구들을 구하는 것으로 이야기는 마무리된다. 책을 좋아하는 사람이라면 밤새 읽게 될 「모모」를 너무 바빠 시간이 없다고 얘기하는 사람, 입버릇처럼 바쁘다는 말을 달고 있는 사람, 시간을 어떻게 이해하면 좋을지 궁금해하는 사람에게 적극 추천하고 있다.

왜냐하면 시간을 어떻게 쓰는 것이 좋은지, 쓸모 있는 시간, 중요한 시간이 무엇인지를 발견하는 일에 도움을 주기 때문이다.

하지만 오늘 얘기하고 싶은 것은 청소부 베프 할아버지의 얘기이다. 베프 할아버지는 모모가 사라진 것을 알고 찾으러 다니다가 회색 신사들로부터 제의를 받는다. 자신들의 존재와 활동에 대해 누구에게도 얘기하지 않고, 10만 시간을 저축하면 모모를 되돌려준다는 제의.

그때부터 베프 할아버지는 대도시로 가서 비질을 시작한다. 잠시도 쉬지 않고, 기계처럼 청소한다. 더는 자기 일을 사랑하던 예전의 베프 할아버지가 아니었다.

한 걸음 걷고 숨 한번 쉬고, 한 걸음 걷고 숨 한번 쉬는 것이 아니라 시간을 저축하기 위해서 밤낮으로 비질한다. 며칠, 몇 주, 몇 달. 잠깐 자고 일어나서도 다시 정신없이 비질한다. 시간을 저축하면 모모를 되찾을 수 있다는 생각으로. 잠자는 시간까지 아껴가며 비질을 한 베프 할아버지의 노력이 모모를 구하는데 활용되지 못한 것이 아쉬울 뿐이다.

세바시에서 김경일 교수의 강연을 본 적이 있다.

"당신은 몇 시간을 자는 사람입니까?"

성공과 잠에 관한 강의였는데 성공한 사람이 되기 위해서는 잠을 적게 자야 한다고 믿는 사람이 많다고 했다. 잠을 많이 자는 사람은 게으르고 무능하다고 여겨, 최대한 잠을 줄여 많은 일을 하는 게 성공의 지름길이라고 여기는 모습이라고 했다. 그러면서 예상하지 못한 질문을 했다.

"당신의 적정한 수면 시간을 알고 있나요?"
"몇 시간 잠을 자면, 다음 날 최상의 컨디션으로 일어날 수 있는지 알고 있나요?"

핵심은 성공이 아니었다. '수면 시간'이었다. 김경일 교수가 강연을 통해 전하고 싶었던 메시지는 '잠을 적게 자야 한다'가 아니었다. 자신에게 맞는 적정한 수면 시간을 알아내어 그것을 유지하는 것이 무엇보다 중요하다는 사실이었다.

목표를 이루기 위해서, 인생을 성공적으로 살기 위해서, 시간 관리를 잘 하는 사람이 되기 위해서, 잠을 적게 자야 할 이유는 없다. 전날 밤새도록 공부하고 회의 준비를 했는데, 오히려 다음날 시험을 망치고 회의에서 실수했다는 이야기를 들어봤을 것이다.

시간 관리를 잘하려면 잠을 적게 자야 한다?
잠을 줄여서 시간을 더 많이 확보하겠다?

전혀 그럴 필요가 없다. 그 말은 틀렸다. 자기에게 맞는 수면 시간을 확보하여 최상의 컨디션을 유지하는 게 진짜 비결이다.

한꺼번에 도로 전체를 생각해서는 안 돼.

다음에 딛게 될 걸음,

다음에 딛게 될 호흡,

다음에 하게 될 비질만

생각해야 하는 거야.

계속해서 바로 다음 일만 생각해야 하는 거야.

그러면 일을 하는 게 즐겁지.

그게 중요해.

한 걸음 한 걸음 나가다 보면

어느새

그 긴 길을 다 쓸었다는 것을 깨닫게 되지.

· 「모모」 중에서 ·

아침형 인간만
시간을 관리한다?

기업환경이 변화하고 온라인이 확산하면서 재택근무를 도입하는 회사가 많아졌다. 비슷한 시간, 도로에 밀려 나와 한곳으로 모두 모여 일하는 방식이 아니라 원하는 곳에서 자율적으로 일하는 것이 더 효율적이라고 판단한 것이다.

어느 대기업은 부서를 구분하지 않고 자유롭게 모여 일할 수 있는 공간을 만들기도 했다. 출근, 퇴근 시간을 정해놓지 않고 자유롭게 일하면서 성과를 발휘하도록 유도했다. 재택근무를 실행하는 회사의 직장인 중에서 아침형 스타일은 오전에 일을 시작해 저녁에 마무리하고 올빼미 스타일은 저녁에 일을 시작해 정해진 시간 동안 일한다고 했다. 라이프 스타일이 각기 다른 사람이 각자 최고의 성과를 낼 수 있는 사회적 분위기가 만들어지고 있다.

"성공하기 위해서는 아침형 인간이 되어야 한다."

한때 아침형 인간이 유행한 적이 있었다. 처음에는 5시에서 일어나도 새벽형 인간에 속했는데, 어느 순간부터는 4시에 일어나야 한다는 분위기가 지배적이었다. 물론 상황이나 조건이 그 시간밖에 안 되는 예도 있다. 하지만 그보다 무조건 일찍 일어나야 한다는 분위기가 강했다.

왜냐하면 아침형 인간이 지닌 장점 때문이다. 일찍 일어나 일과를 시작하면 여유가 있다. 일찍 일어나기 위해 밤늦은 시간까지 불필요한 일

을 하지 않게 되고, 업무 효율도 아침 1시간은
저녁 3시간과 맞먹는다. 그래서 많은 사람이 아
침형 인간이 되기 위해 노력했지만, 모든 사람
이 성공하지는 못했다. 거기에 아침형 인간이
되지 못하는 것에 대해 스트레스를 받아 자존감
까지 무너지는 모습도 더러 보았다.

저마다 라이프 스타일이 다르고 삶의 리듬이 다
르다. 나이가 들어 잠이 줄면서 저절로 아침형
인간이 된 사람도 있고, 여전히 밤늦은 시간에
집중이 잘 된다고 얘기하는 사람도 있다. 다양
성을 인정하고 공존과 소통을 희망하는 이 시점
에서 이분법적으로 아침형과 저녁형을 구분하
는 것은 무의미해 보인다. 아침형을 선택하든,
저녁형을 선택하든 개인의 취향이고, 선택이다.
사람마다 수면 시간이 다른 것처럼 말이다.

시간을 잘 관리하기 위해 아침형 인간이 될 필요는 없다. 아침형으로 생활했을 때 최상의 컨디션을 유지할 수 있으면 아침형 인간으로 생활하면 된다. 그러나 저녁이나 늦은 밤이 더 유리한 사람은 그 시간에 집중력을 발휘하면 된다.

아침에 일찍 일어나는 새도 있지만, 밤에 활동하는 동물도 있다. '어느 시간을 선택하느냐'보다 더 중요한 것은 '어떻게 활용하느냐'이다.

일하는 사람만
시간을 관리해야 한다?

시간을 관리한다는 개념에는 선택과 포기가 공존한다. 더욱 중요한 것을 선택한다는 의미와 보다 덜 중요한 것은 포기하거나 미룬다는 메시지가 담겨 있다.

한꺼번에 모든 일을 처리할 수 없다. 모든 문제를 지금 당장 해결해야 하는 것도 아니다. 하지만 많은 사람이 한꺼번에 해결해야 한다고 여기거나 지금 당장 처리해야 한다고 여긴다. 상황을 재구성하거나 새롭게 바라보려고 애쓰지 않는다. 일에 대해 '대응'하는 게 아니라 '반응'한다는 것을 인지하지 못한다.

일하는 사람만 시간 관리해야 한다?

'일'은 무엇일까. 당신은 일을 어떻게 이해하고 있는가? 직장이나 조직에서 업무를 진행하는 것, 물질적인 것으로 환원할 수 있는 생산적인 행위들, 그런 것을 일이라고 여기는 것은 아닌가? 평소 바쁘게 지내다가 주말 집안에서 쉬고 있는 스스로에게 오늘은 아무 일도 하지 않았다고 말하지는 않는가? 일이 없어 늘 시간이 많다고 입버릇처럼 얘기하지는 않는가?

지금까지 일을 생산성과 연결하고 물질적인 기준으로 판단해 왔다면, 조금만 각도를 돌려보자.

가사 노동만 해도 그렇다. 통계청 자료에 의하면, 2014년 1인당 가사노동가치를 돈으로 환산하면 약 710만 원이라고 한다. 710만 원. 실제

가사 노동에 참여하는 사람이 아니라 한 살부터 모든 국민을 총인원으로 하여 나눈 결과라 조금 과소평가 된 느낌은 있다.

여하튼 중요한 것은 가사 노동도 '일'이며, 생산적인 행위로 이해하고 산정한 금액이다. 음식을 준비하고, 집 안을 청소하고, 아이를 돌보는 것은 비록 무급의 보수로 진행하고 있지만, 가사 노동을 하는 사람 역시 '일하는 사람'이라는 등식이 성립된다. 직장에 나가서 일을 하든, 집안에서 아이를 돌보며 육아를 하든 모두 '일'하는 사람이다.

거기에 대단한 일이 따로 있고, 당신의 일은 하찮은 게 아니다. 명확하게 구분하지 못해서 그렇지, 당신은 여러 임무를 수행하면서 다양한 일을 처리하고 있다. 익숙해지면서 손에 익었을 뿐이다. 당신의 시간과 정성이 들어간 모든 것이 '일'이라는 사실을 인지해야 한다. 출발점은 그곳이다. 당신의 시간과 정성이 들어간 일을 관리한다는 마음가짐이 필요하다.

'당신의 일'을 인식하는 당신의 태도를 바꿔야 한다. 당신의 태도가 '당신의 일'을 벽돌 옮기는 사람으로 만들기도 하고, 신전을 만드는 사람으로 만들기도 하고, 아무 일도 하지 않는 사람으로 만든다. 기억하자.

당신의 태도가 당신을 '일하는 사람'으로 만들기도 하고, '어떤 일도 하지 않는 사람'으로 만든다.

제3부

시간을 관리하는
습관 만들기 4단계

미래는

현재 우리가

무엇을 하는가에 달려 있다

· 마하트마 간디 ·

시간을 관리하려는 목표가
명확해야 한다

시간을 잘 관리하겠다고 마음먹은 당신에게 가장 먼저 묻고 싶은 것이 있다. 당신은 현재의 삶에 만족하는가? 지금처럼 시간을 보내는 것으로 충분히 당신에게 기쁨을 주고 있는가? 감사한 마음으로 하루를 시작하는 지금의 모습을 사랑하는가? 원하는 것을 이루기 위해 시간을 관리하며 평온한 마음을 유지하고 있는가?

그렇다면 당신은 굳이 이 책의 나머지 부분을 읽을 필요가 없다. 이번 책은 시간에 대한 관점을 바꾸고 싶은 사람, 원하는 것을 이루기 위해 시간을 관리하고 싶은 사람, 시간 관리를 통해 평온한 마음, 너그러운 태도를 지니고 싶은 사람을 위해 준비했기 때문이다.

시간을 관리하기에 앞서 당신이 꼭 해야 할 일이 있다. 당신의 인생에서 가장 중요한 것, 당신의 삶을 지배하는 가치가 무엇인지 알아내야 한다.

'시간을 관리하는 것이 인생을 관리하는 것이다'라는 명제를 기억할 것이다. 시간을 잘 관리하고 싶다면 우선 당신의 인생에서 소중하다고 생각하는 것이 무엇인지 살펴봐야 한다. 각각이 지닌 비중에 따라 우선순위를 부여하고, 하나씩 어떤 의미를 지니고 있는지 확인 절차가 필요하다.

예를 들어보자. 우선순위에 가족이 있다면, 가족 옆에 '같이 있는 시간 동안 즐겁게 웃으면서 이야기를 나누는 사람'이라고 적어두는 것이다.

그렇게 정리해 두면, 가족과 함께 있는 시간을 어떻게 보내야 하는지가 명확해진다. 일에 대해서는 '근무시간에는 친절한 관리부 직원, 퇴근하면 취미를 만들어가는 사람'이라고 적어보자. 근무시간이든, 퇴근한 이후이든 충실하게 보낼 수 있는 핵심 태도를 만들어 놓는 것이다.

미리 밝혀두지만, 이 과정을 수행할 때 생각보다 시간이 오래 걸릴 수 있다. 한 번도 경험하지 않았던 일이라면 더욱 그럴 것이다. 현재 상황도 점검해야 하고, 추구하는 가치도 살펴봐야 하기 때문이다.

단기, 장기적으로 이루고 싶은 것뿐만 아니라, 어려움에도 불구하고 유지해야 하는 것을 하나씩 들춰보면서 정리하는 일은 쉬운 작업이 아니다. 하지만 어렵게 느껴지는 것일수록 중요한 작업인 경우가 많다. 복적지도 없이 길을 나서면 얼마 가지 못하고 되돌아올 뿐만 아니라 길을 떠나는 것 자체에 회의감이 생겨날 수 있다.

진정으로 원하는 삶이 어떤 기준을 지니고 있는지 정리가 필요하다. 인생의 우선순위를 확인해야 한다. 당신의 가치관을 점검해야 한다.

누구도 당신만큼 당신에 대해 아는 사람이 없다. 누가 대신해 줄 수도 없다. 남아있는 인생에서 시간을 지배하는 사람이 될지, 시간의 지배를 받는 사람이 될 것인지 당신이 결정해야 한다.

당신의 인생에서 중요하다고 여겨지는 것을 확인하고, 의미를 부여하는 작업은 아주 중요하다.

시간이 흘러 상황이 달라지면 그 시기에 완수해야 할 과업이 있는 것처럼, 상황에 맞춰 유연하게 대응하면 된다. 기본 가치를 흔들지 않으면서 긍정적인 방향으로 개선해서 나가면 된다.

시간을 지배하는 사람이 되겠다고 마음을 먹었다면 "당신의 시간을 어디에 활용하고 싶은가?"라는 질문에 대답할 수 있어야 한다.

당신에 대한 정보를 수집하라

시간을 관리하기에 앞서

당신에 대한 정보가 없다.

정보가 확보되어야

시간이 당신을 돕는 일을 구체화할 수 있다.

¤ 우선순위를 점검하라 ¤

① 당신이 인생에서 중요하다고 여기는 가치나
   덕목, 사람에 대해 나열해 보자.

② 나열된 가치나 덕목, 사람에 대해 우선순위를
   부여해 보자.

③ 우선순위에 나열된 항목이 각각 어떤 의미를
   지니고 있으며, 핵심 태도와 모습에 대해
   생각을 정리해 보자.

④ 정리된 생각을 잘 보이는 곳이나 다이어리에
   붙여놓자.

⑤ 매일 아침 일과를 시작하기 전, 우선순위가
   정리된 내용을 소리 내 읽자.

당신의 인생에서 가장 중요한 것이 무엇인지
확실하게 알고 있어야 한다.
지금부터의 시간은 당신이 정리한 가치, 덕목,
사람의 영향을 절대적으로 받게 된다.

스스로 만족할 수 있는
기준이 필요하다

'이미 다 알고 있는데, 굳이 시간을 점검할 필요가 있을까?'

시간 관리를 하지 않는 이유 중의 하나가 너무 뻔하다는 것이다. 특별히 새로운 게 없다고 얘기한다. 이미 언제, 어디서, 무엇을 해야 하는지 너무 잘 알고 있다는 의미에서 나온 말이다. 반복된 일상이고, 비슷한 일을 반복하는 까닭에 제대로 잘 진행되고 있는지, 일정의 변화가 생긴 것은 없는지 점검할 필요성을 느끼지 못하는 것이다. 아니면 '어떻게든 되겠지'라는 마음 때문인지도 모른다.

하지만 시간 계획을 세우고 수시로 시간의 흔적을 추적하는 사람들의 생각은 완전히 다르다.

"일상은 역동적이며 다이내믹한 것들의 연속이 아니다. 반복적으로 수행하는 것이 대부분이며, 특별히 노력할 이유가 없어 보이는 것이 많다. 관성에 이끌려 하던 것을 계속하려고 하고, 힘들고 어려운 것은 회피하게 된다. 하고 싶은 것만 하게 된다. 그러므로 기준을 정해놓고, 점검하는 훈련을 거치지 않으면 시간의 주인이 될 수 없다."

간혹 애써 계획을 세울 필요가 없다고 말하기도 한다. 계획을 세워도 예상하지 못한 일이 생기면 어차피 수정해야 하는데 굳이 계획을 세울 필요가 있느냐는 것이다. 그때그때 상황에 맞춰서 하는 게 제일 낫다는 의견이다.

하지만 여기에는 모든 시간을 통제하고 싶다는 마음과 함께 제어할 수 없는 상황이 벌어지는 것을 염려하는 마음이 숨겨져 있다.

예상하지 못하는 일이 생길 수 있으므로 처음부터 노력하지 않는 것이 더 낫다는 생각, 누군가와 비교당하고 싶지 않다는 마음, 완벽하지 않으면 차라리 아무것도 안 하는 것이 더 낫다는 압박이 만들어낸 결과이다. 그러나 두려움을 딛고 새로운 시도를 하는 사람, 의지를 발휘해 성과를 만들어 가는 사람의 생각은 완전히 다르다.

"아무것도 하지 않는 것보다는 하나라도 하는 게 더 낫다. 하나라도 해 봐야 다음을 기약할 수 있다. 실패로 끝나더라도 분명 얻는 게 있다."

운동장에서 코치들은 선수들의 컨디션을 꼼꼼하게 관리한다. 언제 훈련하고, 언제 휴식을 취하는 것이 목표를 달성하는데 효율적인지 고민한다. 그들의 목표는 분명하다. 선수들의 컨디션을 잘 유지하여 경기에서 좋은 기록을 세우는 것이다.

목표를 위해 그들은 부상자가 생길 가능성, 스리 아웃에 만루 상황이 벌어질 가능성, 원하지 않는 결과에 선수들이 좌절할 가능성도 놓치지 않는다. 그런 상황에 대처하기 위한 준비도 함께 진행한다. 그들은 원하는 것을 이루기 위한, 예상하지 못한 상황에 대처하기 위한 훈련 시스템을 구축하고 관리한다.

당신은 당신을 관리하고 있는가? 당신의 시간을 관리하고 있는가? 당신의 인생을 관리하고 있는가? 이루고 싶은 목표를 위해 관리 시스템을 활용하고 있는가? 예상하지 못한 상황에 대한 관리도 함께 진행하고 있는가?

당신은 선수이면서 코치라는 사실을 기억해야 한다. 지금 준비하지 않아도 나중에 어떻게 될 거라는 마음으로 시간을 흘려보내지 않아야 한다. 치료보다는 예방이며, 상황에 반응한다는 쪽보다 준비하여 대응한다는 마음을 가져야 한다. 나무가 아니라 숲을 볼 수 있어야 한다.

코치가 선수들의 컨디션을 파악하는 것으로 일과를 시작한다면, 시간을 관리하기 위해 당신이 가장 먼저 해야 할 일도 다르지 않다.

당신이 시간을 어떻게 보내고 있는지에 대한 정보를 수집해야 한다. 당신과 당신의 시간 관리에 대해 정보가 없다. 정보가 있어야 개입이 가능하다. 그래야 개선하든, 제거하든, 유지하든 결정을 내릴 수 있다.

당신의 시간을 파악하고 분석해야 한다. 메모장도 좋고, 다이어리도 좋다. 그것을 펼쳐 오늘 하루 당신이 어떻게 시간을 보냈는지 한 시간 단위로 기록해 보자.

언제부터 언제까지 무슨 일을 했고, 휴식은 언제 취했으며, 누구와 함께 시간을 보냈는지 빠짐없이 기록하자. 자투리 시간이나 여유시간, 혼자 있을 때 무엇을 했는지도 상세히 기록하자.

당신의 기록은 현재 당신의 상황을 설명해 주는 귀중한 자료이다. '어떤 삶을 살고 싶은가?'에 대한 당신의 이차적 답변이다.

인생에 대한 정답, 시간에 대한 정답을 아는 사람은 없다. 완벽하게 인생을 이해하는 사람도 없다. 모든 상황을 준비할 수 없으므로 저마다의 방식으로 스트라이크존을 넓혀놓는 것뿐이다. 시간을 기록, 추적하여 당신의 스트라이크존을 확인해야 한다.

인생은 코끼리 걸음으로 뛰어오는 게 아니라 고양이 걸음으로 살금살금 다가온다고 했다. 하루를 어떻게 보냈는지, 시간을 어떻게 활용하고 있는지 살펴보는 작업은 당신의 스트라이크존이 어느 정도인지 알려주는 동시에, 고양이 걸음으로 다가오는 인생과 정면으로 승부를 겨를 수 있는 힘을 키워줄 것이다.

완벽하게 인생을 이해하는 사람은 없다.

모든 상황을 준비할 수 없으므로

저마다의 방식으로

스트라이크존을 넓혀놓는 것이다.

당신의 시간을 분석하라

일주일 동안 당신의 시간을 추적해서 기록하라.

매일 저녁 어떤 일을 했는지,

누구와 함께 시간을 보냈는지,

어디를 다녀왔는지, 언제 잠자리에 들고

몇 시에 일어났는지 상세하게 기록하라.

중요한 일이든,

그렇지 않든 일주일 동안 빠짐없이 기록하라.

¤ 시간을 분석하라 ¤

① 매일 저녁 하루를 어떻게 보냈는지 기억을
   떠올려 한 시간 단위로 기록하자.

② 기록이 끝나면, 당신에게 만족감을 준 시간에
   대해 표시해 보자.
   (기쁨, 뿌듯함, 감사, 고마움과 같은 긍정 감정을
   경험한 시간을 점검해 보자)

③ 일과 중에서 어떤 일에 가장 많은 시간을
   썼는지 살펴보자. 해야 하는데 하지 못한 일이
   무엇인지 찾아보자.

④ 시간을 제대로 활용하지 못한 이유가 무엇
   때문인지 적어보자. (개인적인 이유, 외부 요인)

⑤ 시간을 기록, 분석한 짧은 소감을 남기자.

습관처럼 바쁘다고 말하지만, 바쁜 상황 속에
당신을 던져두었다는 사실을 발견할 것이다.
원하는 것이 있으면 그 일을 잘 해내기 위한
과정의 시간을 반드시 포함해야 한다.

당신의 기록이 당신을 말한다.
기록은 당신의 생각보다
훨씬 정직하다.

시간 관리가 아니라
인생 관리이다

하얀 도화지가 있다. 도화지의 주인은 당신이다. 당신이 그리고 싶은 것을 그려보라는 주문을 받았다.

머릿속에 떠오르는 대로 꽃도 그리고, 나무도 그리고, 집도 하나 그렸다. 강아지도 한 마리 그려놓고, 강아지 집도 옆에 넣어주었다. 생각난 김에 집 뒤에는 산도 그렸다. 하나를 넣었더니 허전해 보여 몇 개를 더 그렸다. 구름도 그려보고, 집 앞에 멋진 물레방아도 그렸다. 그림이 완성되었다. 당신의 마음에 드는가?

여기 또 하나의 도화지가 있다. 도화지의 주인은 당신이다. 똑같이 그리고 싶은 것을 그려보라는 주문을 받았다. 다만 한 가지, 당신은 그림을 그리기 전에 먼저 생각해야 한다.

'완성했을 때 어떤 모습이면 좋을까?'
'무엇을 그리면 좋을까?'
'작은 집을 그릴까? 큰 집을 그릴까?'
'꽃과 나무는 어디에 그려 넣을까?'
'물레방아가 있으면 좋을 것 같은데?'

어느 정도 생각이 정리된 당신은 그림을 그려나갔다. 가장 큰 것부터 하나씩, 하나씩. 그림이 완성되었다. 당신의 마음에 드는가?

미술 전문가가 아닌 까닭에 차이를 명확하게 설명하기는 어렵지만, 첫 번째 방법이 도화지에 그림을 그린 것이라면, 두 번째 방법은 그림을 그렸다기보다는 디자인에 가깝다.

디자인한다는 것은 어떤 의미일까? 넓은 의미에서 디자인은 어떤 목적을 이루기 위해 계획하는 모든 행위를 말한다. 전하고자 하는 정보를 잘 전달하면서 동시에 효과를 기대하는 작업이다. 독특한 개성이 느껴지면 성공한 디자인이라고 이야기하는데, 디자인은 '어떤 것을 했다'라는 차원이 아닌 '어느 수준에 이르렀다'가 더 적절한 표현이다.

시간을 '쓴다'라는 생각보다 '디자인'한다는 관점으로 접근하면 만족도와 수준이 높아진다. 되는 대로가 아니라 우선순위에 근거하여 소중하고 중요한 일을 하나씩 해결하고, 지금 당장 하지 않아도 되거나 불필요한 일을 하지 않기 때문에 품격을 지닌 시간의 주인으로 거듭나게 된다.

"시간을 쓴다"가 아니라 "시간을 디자인한다"
라는 관점이 필요하다. 디자이너의 관점에서 하
루를 보내는 게 아니라 인생을 설계한다는 마음
으로 오늘 이루어야 할 과업과 소통해야 한다.

"오늘 반드시 해야만 하는 일인가?"
"중요한 일인가? 그렇지 않은가?"
"긴급한 일인가? 긴급하지 않은 일인가?"
"힘들어도 꼭 해야만 하는 일인가?"
"오늘 하지 않아도 되는 일인가?"

일은 결국 사건이다. 사건에 대응하는 행동이
시간이다. 일은 시간을 움직이게 하는 결정적인
기준인 셈이다. 그런 까닭에 우선순위를 정하고
실행해야 한다고 강조하는 것이다.

중요한 일에 당신의 시간을 활용해야 한다. 의미 있는 경험을 위한 시간이라면 괜찮지만, 불필요한 시간에 대해서는 냉정한 결단이 필요하다. 굳이 하지 않아도 되는 일은 의미 있는 경험을 쌓는 시간으로 바꾸고, 중요하지도 긴급하지도 않은 일에 매달리지 않아야 한다. 로마제국 시대의 정치가이자 철학자인 세네카가 남긴 유명한 말을 기억하자.

"사람은 항상 시간이 모자란다고 불평하면서 마치 시간이 무한정 있는 것처럼 행동한다. 인생 자체가 짧다는 생각은 틀렸다. 인생은 우리가 사용하는 방법에 따라 짧아지기도 하고 길어지기도 한다. 인생을 유용하게 쓰는 것이 중요하다."

과업 정리가 끝나면, 다음에 할 일은 각각의 과업이 얼마만큼의 시간을 필요로 하는지 점검하여 할당하는 것이다. 잊지 말자. 시간은 일에 대한 대응이라는 것을. 그러니 꼭 필요한 만큼의 시간을 할당하도록 노력하자. 그런 다음 그 시간이 되면 할당된 일을 누구보다 열심히, 성실하게 매달리자. 그 일 밖에 할 줄 모르는 사람처럼.

시간을 활용하는 방법을 안다는 것은 '시간을 잘 보낸다'를 넘어 '인생을 잘 살아가는 방법을 안다'라는 것과 일치한다. 당신의 시간을, 당신의 인생을 디자인해야 한다. 시간을 디자인하는 것은 곧 인생을 디자인하는 것이다.

당신의 시간을 디자인해야 한다.
당신의 인생을 디자인해야 한다.

시간을 디자인하는 것은
인생을 디자인하는 것이다.

당신의 시간을 디자인하라

일주일 이상 당신의 시간을 추적, 기록했다면

이제부터는 당신의 시간을 디자인하라.

떠오르는 대로 진행하지 말고,

저녁에 흔적을 추적하지 말고,

디자이너가 되어 미리 하루를 디자인하라.

전날 저녁에 계획을 세우고,

다음날 계획 대비 성과를 점검하라.

¤ 시간을 디자인하라 ¤

① 잠자리에서 일어난 후, 우선순위와 덕목이
   정리된 내용을 소리 내 읽자.

② 오늘 해야 할 일에 대해 리스트를 적어보자.
   (다이어리, 메모장, 앱 활용)

③ 각각의 일을 해내는 데 필요한 시간을 예상하여
   일일 계획표에 배치하자.
   - 오늘 꼭 해야 하는 것, 중요하고 긴급한 것을
   먼저 배치하자.
   - 1시간 안에 끝마치고 싶더라도 2시간이 걸리
   는 일이면 2시간을 할당하자.
   - 계획을 너무 빡빡하게 채우지 않았는지, 여유
   시간이 있는지 점검하자.

④ 계획표가 완성되었다면, 남은 것은 행동뿐이다.
   정해진 시간이 되면
   그 일을 해낼 수 있도록 노력하자.

⑤ 잠자리에 들기 전, 오늘 하루를 어떻게 보냈는지 기억을 떠올려 한 시간 단위로 기록하자.

⑥ 기록이 끝나면, 당신에게 만족감을 준 시간에 대해 표시해 보자. (기쁨, 뿌듯함, 감사, 고마움과 같은 긍정 감정을 경험한 시간을 점검해 보자)

⑦ 일과 중에서 어떤 일에 가장 많은 시간을 썼는지, 해야 하는데 하지 못한 일이 무엇인지 찾아보자. 시간을 제대로 활용하지 못한 이유도 적어보자.

⑧ 오늘 하루를 디자인한 짧은 소감을 남기자.

시간을 관리하는 목표는
필요한 곳에 필요한 만큼의
시간을 적극적으로 활용하기 위함이다.
계획표를 세우고 저녁에 확인하기가 어려우면,
알람을 맞춰놓으면 도움이 된다.

'매일 하는 일'이어도
기록하는 것이 중요하다.

'매일 하는 일'이라고 해서
중요하지 않은 게 아니다.

'긴급한 일'이라고 생각하지만
중요하지 않은 경우가 많다.

습관이 차이를 만든다

시스템이 있으면 어떤 점이 좋을까? 무엇보다 시스템이 완성되면 불필요한 고민이나 선택으로 시간을 낭비하지 않게 된다. 좋은 패턴을 수행하는 시스템은 근사한 성과의 파트너이다. 시간을 잘 관리하는 비결도 다르지 않다. 시간을 관리하는 시스템을 구축하고 반복적으로 수행하여 습관을 만드는 것이 중요하다.

시간을 관리하는 시스템은 우선순위를 확인하고, 시간을 분석한 다음, 기준에 맞춰 시간을 할당하고 정해진 시간에 그 일을 실행하면 된다. 작심삼일이 되더라도, 나흘이 되었을 때 새롭게 시작하더라도, 새로운 마음으로 계획을 세우고 실행, 점검하는 패턴을 지켜나가면 된다.

물론 시스템을 만드는 과정에서 주의할 것은 있다. 습관으로 만들기 어려운 시스템은 반복하기 어렵고 성취감을 맛보기 어렵다. 성공적인 시스템이 되기 위해서는 무리한 계획은 금물이다. 현재의 수준에서 5~10% 정도의 추가적인 성과를 낼 수 있는 목표가 적당하다.

적절한 수준의 계획이 세워졌다면 더 이상의 고민은 불필요하다. 이미 충분한 생각 끝에 내린 결정이다. 이것을 할 것인지, 하지 않을 것인지의 질문은 의미 없다. 시간이 되면 할당한 일을 묵묵히 수행해야 한다. 마치 수행자가 된 것처럼 말이다.

그런 다음 잠자리에 들기 전, 계획대로 진행했는지, 어려움은 없었는지, 어떤 부분을 수정하거나 개선하면 좋을지 점검하는 것으로 마무리하면 된다.

하지만 아무리 좋은 시스템일지라도 며칠 반복했다고 저절로 습관이 되지는 않는다. 습관을 만든다는 것은 하지 않던 것을 하려는 시도이다. 그러니 몸과 마음에서 저항이 생겨난다. 그래서 습관을 만드는 방법은 단 하나뿐이다. 반복적으로 수행하여 몸과 마음이 저항하지 않고 익숙해지는 것이다. 밥을 먹은 후 양치질을 하는 것처럼, 아침에 일어나 밥을 먹는 것처럼 수십 번 반복하는 수밖에 없다. 무의식적으로, 마땅히 그래야 한다고 받아들이고, 행동할 때까지말이다.

몸에 없던 근육을 만들기 위해서는 매일 근육을 키우는 훈련을 해야 하고, 책 한 권을 읽기 위해서는 엉덩이 힘을 발휘하여 꾸준히 한 페이지씩 읽어나가는 수밖에 없다. 몰입하고 있을 때는 시간이 얼마나 흘렀는지 알지 못하는 것처럼, 시간을 관리하고 있다는 생각이 들지 않을 때까지 훈련해야 한다. 기억하자. 단순히 시간을 관리하는 게 아니라 인생을 관리한다는 것을.

시간을 관리하는 시스템을 만드는 것부터 습관이 될 때까지 반복하는 일은 쉬운 일은 아니다. 하지만 결국 습관이 차이를 만든다.

"처음에는 우리가 습관을 만들지만, 그다음에는 습관이 우리를 만든다."라는 명언을 기억하자. 당신의 습관이 당신의 오늘을 설명하고, 당신의 내일을 만든다.

시간을 관리하는 시스템을 만들어라

일주일 이상 세 번째 프로젝트를 수행했다면

이제 마지막 프로젝트에 도전하자

마지막 프로젝트는

시간 관리 시스템이

전날 저녁에 시작된다는 것을 명심하자.

마지막 프로젝트를 3개월만 유지하자.

그러면 습관이 완성된다.

¤ 습관이 될 때까지 반복하라 ¤

① <u>잠자리에서 들기</u> 전, 내일 당신이 해야 할 일에
   대해 리스트를 적어보자.
   (다이어리, 메모장, 앱 활용)
② 각각의 일을 해내는 데 필요한 시간을 예상하여
   일일 계획표에 연필로 미리 배치하자.
   - 오늘 꼭 해야 하는 것, 중요하고 긴급한 것을
   먼저배치하자.
   - 1시간 안에 끝마치고 싶더라도 2시간이 걸리
   는 일이면 2시간을 할당하자.
   - 계획을 너무 빡빡하게 채우지 않았는지, 여유
   시간이 있는지 점검하자.

③ <u>다음 날 아침</u>, 5분 정도 가볍게 스트레칭한 후
   전날 세워둔 시간 계획표를 살펴보자.

④ 계획에 수정할 것이 없으면 이제 남은 것은
   행동뿐이다.
   - 정해진 시간이 되면 그 일을 해내는 것에
   집중하자.

⑤ <u>일과를 마친 저녁 일일 계획표(To Do List)</u>
   또는 다이어리를 펼쳐 연필로 체크해 두었던
   시간에 실제로 무엇을 했는지
   볼펜으로 기록하자. (계획 대비 성공이면 좋겠
   지만, 그렇지 않았더라도 어떤 일을 했는지 살펴
   보는 과정은 중요하다)

⑥ 계획과 달라진 것이 무엇이며, 일과 중에서 어떤
   일에 가장 많은 시간을 썼는지, 해야 하는데 하지
   못한 일이 무엇인지 생각해 보자

⑦ 오늘 하루를 디자인한 짧은 소감을 남기자.

⑧ 잠들기 전에 ①번과 ②번을 실행하자.

충실하게 보낸 오늘이 당신에게
달콤한 잠을 선물할 것이다.
내일은 내일에 맡기면 된다.

시간을 관리하는 사람은
시간에 대한 통제권과 자율권을 가진다.
앞으로 당신의 시간은
당신을 위해 일하고, 노래하고, 춤출 것이다.

당신은 믿어야 한다.
당신의 시간 관리 능력을.
당신은 믿어야 한다.
당신의 인생 관리 능력을.

제4부

시간 관리 전문가가 되기 위한 10가지 전략

출발하게 만드는 힘이 동기라면,

계속 나아가게 만드는 힘은 습관이다.

· 짐 라이언 ·

오늘부터 새로운 마음으로 '시간을 잘 관리하는 사람이 될 거야'라는 결심은 쉽게 할 수 있다. 결심에는 특별한 노력이나 기술이 필요하지 않다. 결심은 마음의 문제이기 때문이다. 하지만 결심을 실행으로 옮기는 것은 전혀 다른 문제이다. 마음의 영역이 아니라 행동의 영역이기 때문이다. 거기에 특별한 노력과 기술도 필요하다.

결심한 것을 습관으로 만들기 위해서는 일정한 시간을 반복적으로 훈련해야 한다. 그러기 위해서는 지속하는 힘도 필요하지만, 상황을 방해하는 요소를 차단하는 힘도 필요하다.

방해하는 신호를 알아차리고, 차단하는 작업은
절대 만만하지 않다. 가장 먼 거리가 머리끝에서
발끝이라는 말처럼, 결심과 결심을 실천하는 과정
은 다른 차원이다. 오늘부터 시간을 잘 관리하겠
다고 다짐하더라도 그것을 지켜나가는 과정은
쉽지 않다.

어떻게 하면 간격을 줄일 수 있을까?
시간을 잘 관리한다는 경험을 쌓을 수 있을까?
어떻게 하면 시간의 주인이 될 수 있을까?
시간이 삶을 춤추게 하는 도구가 될 수 있을까?

오랜 시간 동안 고민해 왔던 질문이다. 이 순
간, 누군가 시간을 잘 관리하는 방법을 넘어 일
일 계획표에 관한 궁금증을 질문했다고 가정하
고, 그 질문에 대답한다는 마음으로 이번 장을
정리해 보았다.

시간 관리 계획표를 세울 때 주의할 점이 무엇인지, 실행할 때의 마음가짐은 어떠해야 하는지, 예상하지 못한 일은 어떻게 맞이해야 하는지 개인적인 경험을 담아 보았다. 전략이라면 전략이고, 비결이라면 비결이다. 개인적인 의견일 수 있지만, 86,400원 또는 1,440분을 재배치하는 일에 쓰임이 생기면 더없는 기쁨이 될 것 같다.

나의 가르침은 이렇다
언젠가 나는 것을 배우려는 자는
우선 서고 걷고 달리고
뛰어오르고 기어오르고
춤추는 것을 배워야만 한다.

나는 것을 한꺼번에 배우지는
못하는 법이다.

· 「차라투스트라는 이렇게 말했다」 중에서 ·

이길 수 있는 계획을 세워라

"이길 수 있는 계획을 세워라."

시간을 관리하는 습관을 만들고 싶은 당신에게 가장 먼저 해주고 싶은 말이다.

계획의 목표는 성공에 있다. 지킬 수도 없는 무리한 계획을 세워 당신에게 죄책감을 선물하지 말아야 한다. 계획을 잘 세우는 만큼이나 계획에 성공하는 것이 목표라는 사실을 잊지 말아야 한다. 이길 수 있는 게임으로 시작해야 한다.

'그래, 이 정도면 해낼 수 있겠어'라는 수준의

계획으로 성공 확률을 높여야 한다. 평소 8시간 이상 잠을 자는 사람이 당장 6시간만 자겠다는 것은 무리한 계획이다. 사람, 자기 자신에 대한 이해가 없는 계획은 무의미하다.

8시간이 필요한 사람인지, 적어도 7시간은 잠을 자야 하는 사람인지 검토도 없이 6시간만 잠을 자겠다고 덤벼들지 말아야 한다. 정말 잠을 줄이고 싶다면 처음에는 30분 정도 일찍 일어나는 것을 목표로 삼는 게 좋다. 며칠을 반복하는 동안 컨디션이 유지되고 몸에 무리가 없으면 그때 다시 30분 정도를 줄이는 방식으로 단계적으로 접근해야 한다.

친구를 만나면 3, 4시간 동안 대화하는 사람이 있다고 가정해 보자. 그런 사람이 시간을 관리하는 사람이 되겠다는 다짐으로 모임에서 1시간 만에 돌아왔다고 가정해 보자.

과연 얼마나 지속할 수 있을까? 아쉬운 마음은 더 큰 부작용을 낳는다. 조금 더 있다가 왔으면 좋았을 거라는 생각에 어느 때보다 일찍 귀가해 놓고는 전화 통화가 길어져 오히려 더 늦게 잠자리에 들 수 있다. 누구를 만나느냐, 어떤 모임이냐를 떠나 중요한 것은 무리한 계획을 세우지 않는 것이다.

'나는 시간을 잘 관리하는 사람이다'라는 성공 경험이 필요하다. 그러므로 이길 수 있는 계획을 세워야 한다. 4시간이었다면 3시간, 3시간이었다면 2시간, 단계적으로 시간을 조절하여 만족감을 느껴야 한다. 만족감이 느껴져야 행동을 지속하려는 욕구가 생긴다.

혹시 시간에 관한 것이든, 다른 계획이든 몇 번 성공하고는 그 이후 계획을 지키지 못해 '내가 하는 게 다 그렇지'라고 말하지 않았는가?

계획 자체에 문제가 있을 수 있다. 계획을 점검해 보자. 의식적으로 다짐해도 무의식적으로 행동하기 쉬운 것이 사람이다. 그런 상황에서 무리한 계획은 의식적인 다짐조차 힘들게 한다. 너무 완벽한 계획, 멋진 계획에 집착하지 말자. 어디까지나 당신을 위한 계획, '1'만큼 좋아지는 계획에 집중하자.

불필요한 일을 줄이고, 중요한 일에 시간을 조금 더 활용하겠다는 마음으로 시작하는 것이 좋다. 잊지 말자. 세상에서 가장 먼 거리가 머리끝에서 발끝이다.

당신만의
시간을 관리하는 도구를 가져라

하다못해 청소할 때도 계획을 세운다. 청소해야
할 곳이 어디인지. 간단하게 청소할 수준인지,
대청소를 해야 하는지. 소요될 시간을 생각해서
구획을 나누고 시간을 분배한다.

책을 읽는 것도 비슷하다. 모임을 위해 읽어야
하는 책도 있고, 개인적으로 읽고 싶은 책도 있다.
그래서 그날 읽어야 하는 분량이 무엇인지, 시
간이 얼마나 필요한지 확인한 후 시간을 할당한다.
이렇게 하는 이유는 단순하다.

원하는 만큼의 성과를 이루기 위해서이다. 청소

를 하든, 책 읽기가 되었든. 나는 이 모든 것을 다이어리로 관리하고 있다.

시간을 잘 관리하는 사람에게는 저마다 시간을 관리하는 도구가 있다. 다이어리, 일일 계획표, 메모장, 시간 관리 앱처럼 자신의 상황과 라이프 스타일을 반영한 시간 관리 도구가 있다. 도구가 있으면 기록하기 쉽고, 기록이 있으면 관리하기도 쉽다.

나는 이십 년 이상 다이어리를 써오고 있다. 나에게 다이어리는 시간을 관리하는 도구를 넘어 비서이다. 내가 해내야 하는 모든 것과 관련해서 비서의 도움을 받고 있다. 장기적인 전략과 계획을 세우는 것부터 오늘 저녁에 누구를 만나야 하는 것까지 상세하게 기록, 관리하고 있다.

오랜 시간 다이어리를 쓰면서 발견한 장점은 여러 가지이다. 우선 기록한다는 행위가 주는 안정감과 성취감이 있다. 소소한 내용까지 기록하다 보면 하루를 잘 보냈다는 기분이 든다. 그뿐만 아니라 다이어리에 미리 행사, 일정을 점검해 두었기 때문에 중요한 일정을 놓치지 않는다.

다이어리에 시간별로 해야 할 일을 체크해서 할당해 놓으면 일에 성공할 확률도 높다. 정해진 시간이 되면 할까, 말까 불필요한 고민 없이 행동으로 옮기기 때문이다.

계속 고민만 하고, 실행은 하지 않으면서 자꾸 걱정하고 불안해하는 사람이 있다. 아무것도 안 하는 것보다 하나라도 하는 게 낫다는 것을 알면서도 몸을 움직이려고 하지 않는다. 불안해하는 사람이 되기 싫다면서 불편한 상황을 바꾸려고 애쓰지도 않는다. 이런 상황이 반복된다면 불안감이 커지는 게 오히려 정상이지 않을까?

나는 꼭 해야 하는 것, 하고 싶은 것, 오늘 할 수 있으면 좋지만 그렇지 않아도 되는 것이 무엇인지 살펴 다이어리로 시간을 관리한다. 그리고 계획 대비 실적에 관해 비서와 대화하듯 일정과 상황을 조율한다.

종이 위에 쓰면 이루어진다고 했다. 다이어리로 기록, 관리하면 놓치는 일이 거의 없다. 다이어리를 통해 시간을 관리하면 시간에 대한 통제력, 상황에 대한 조절력을 배우게 된다. 예상했던 그대로 진행된 것에 감사하고, 예상과 다른 상황에 대해 보다 너그러운 시선으로 바라보게 된다.

물론 다이어리로 시간을 기록하고 관리한다고 모든 문제를 원천 봉쇄하는 것은 아니다. 당황스럽고 불편한 상황은 언제든 찾아올 수 있다. 다만 가뭄을 대비해 저수지를 만들고, 비상사태를 대비해 예비금을 마련하는 것처럼, 준비도 없이 당하는 것이 아니라 관리를 통해 관리하지 않음으로 인한 손실보다 피해를 줄일 수 있다.

예방과 치료 중에서 예방이 낫다고 생각한다. 모든 가능성을 열어두고 손님을 맞이하는 것이 현명한 주인의 태도라고 생각한다. 다이어리는 예상하지 못한 모습으로 찾아올 손님을 깎아내리지 않고 의미 있는 만남으로 시간을 보낼 수 있도록 도와준다.

시간을 관리하는 도구를 찾고 있는 당신에게 다이어리를 적극 추천한다. 다이어리로 하루를 열고 닫아라. 다이어리를 기록하고 관리하여 방향성을 유지해라. 다이어리를 활용하여 시간을 잘 관리하려는 당신의 의지를 지켜주어라. 눈으로 확인하는 행위를 통해 주기적으로 긍정적인 신호를 받아라. 그러면 시간을 잘 관리하는 도구를 넘어 라이프 스타일을 만들어가는 무기가 될 것이다.

한 번에 하나씩,
그게 전부인 것처럼 몰입해라

당신은 스스로 강하다고 생각하는가?

나는 단단히 착각했었다.

'나는 강한 사람이다'라고.

하지만 이제는 안다.

나는 결코 강한 사람이 아니라는 것을.

계획 세우는 것을 좋아하긴 했지만, 성과는 미비했다. 도중에 그만둔 것이 많은 사람, 용두사미(龍頭蛇尾)의 대표 선수였다. 합당한 이유는 언제나 존재했다. 불리한 상황이 만들어진 것에 대해 할 말이 있었고, 원망할 대상은 찾는 것도 어렵지 않았다.

그뿐만이 아니다. 해야 할 것이 많다는 생각에 동시에 여러 일을 하려고 덤벼든 날도 많았다. 그래야만 뒤처진 것을 따라잡을 수 있고, 조금이라도 더 많은 성과를 낼 수 있다고 여겼다. 그런 마음으로 제법 오랜 시간을 보냈다.

그러던 어느 날, 나는 아주 중요한 사실을 발견했다. 나는 결코 강한 사람이 아니라는 것을, 자기 합리화에 급급하다는 것을, 절대 멀티태스킹이 되지 않는다는 것을, 한 번에 하나씩 해야 하는 사람이라는 것을.

내가 저지른 가장 큰 잘못은 계획을 세우는 과정에서 '나'라는 사람이 없었다는 점이다. 나를 위한 계획임에도 불구하고 누군가를 위한 계획이었고, 누군가에 보여주기 위한 계획이었다.

그러다 보니 무리한 계획을 세우게 되었고, 정작 실행해야 하는 순간을 마주하면 고민 속으로 빠져들었다.

'꼭 해야만 할까?'
'이렇게까지 해야 할 이유가 있을까?'
'이렇게 한다고 성공한다는 보장도 없잖아?'

호흡을 가다듬은 다음, 전력 질주해야 할 순간에 나는 자꾸 뒤돌아보았다.

'지금 해야 하는 걸까?'
'저것이 더 급하지 않을까?'
'이것만 붙잡아서 될 일이 아니잖아?'
'지금 안 한다고 당장 문제가 생기지는 않겠지?'

다른 사람의 시선이나 누군가의 평가를 걱정하

고, 여러 가지를 한꺼번에 해결해야 한다는 조급함을 벗어야 한다. 마음 같아서는 멀티태스킹이 가능하다고 생각하겠지만, 실상은 그렇지 못하다. 국을 데운다고 가스레인지에 올려놓고 청소기를 돌리다가 냄비를 태운 경험이 있을 것이다. 두 마리 토끼를 동시에 쫓으면 한 마리도 못 잡을 수 있다.

내면의 합의가 이뤄진 계획, 우선순위가 잘 반영된 계획, 한 번에 하나씩 해낼 수 있도록 짜인 계획, 우선순위가 잘 반영된 계획을 준비하자. 그런 다음 한 번에 하나씩 몸을 움직여 실행으로 옮기자. 세상에서 가장 중요한 일을 한다는 마음으로.

세상에 완벽한 정답은 없다고 했다.
옳은 선택으로 만드는 노력이 있을 뿐이다.

집을 나서야 할 시간이 되었는데 지금 나갈까, 조금 있다가 나갈까 고민하지 말고 현관문을 밀어야 한다. 잠자리에 들기 전에 '10분 독서'라고 정해놓았다면, 침대에서 오늘부터 할까, 내일부터 할지 되묻지 말고 책을 집어 들어야 한다.

"패자는 목표를 설정하고 승자는 시스템을 만든다." 스콧 애덤스가 남긴 유명한 말을 기억하자. 시스템을 작동시킨다는 마음으로 접근하자. 한 번에 하나씩 해낼 수 있도록 계획을 세우고, 정해진 시간이 되면 그 일을 해내기 위해 정성을 쏟아보자. 계획은 합의의 대상이지만, 실행은 합의의 대상이 아니다.

정해진 시간이 되면
그냥 실행하라

계획은 합의의 대상이지만,
실행은 합의의 대상이 아니다.

자투리 시간을 살리고
여유시간을 확보하라

5분이면 이메일을 확인할 수 있다.

5분이면 두뇌 운동을 할 수 있다.

10분이면 프레젠테이션 연습을 할 수 있다.

10분이면 영어 회화 공부를 할 수 있다.

15분이면 잡지를 읽을 수 있다.

15분이면 모르는 영어 단어

한 개를 외울 수 있다.

15분이면 자격시험 문제집을 풀어볼 수 있다.

30분이면 신문을 읽을 수 있다.

30분이면 서점에 갈 수 있다.

30분이면 잠시 눈을 붙일 수도 있다.

1시간이면 A4 1장 분량의 리포트를 쓸 수 있다.

2시간이면 책 한 권을 읽을 수 있다.

· 「자투리 시간이 인생을 바꾼다」 중에서 ·

사람의 뇌에는 '의욕의 뇌'라고 불리는 측좌핵이 있다. 측좌핵은 2밀리미터로 아주 작은 부위인데, 이곳이 활성화되면 편도체, 해마를 통해 다른 부위에 의욕이 전달되고 작업 흥분을 만들어낸다고 알려져 있다. 설거지하려고 시작했는데 냉장고 정리를 한다든가, 책상을 치우려고 했는데 방 전체를 치우게 된다든가, 나비효과처럼 작은 움직임이 큰 성과를 이뤄낸다.

어떤 일을 시작하기 전, 장비부터 준비하는 사람이 있다. 준비한 장비를 보면 프로선수처럼 보인다. 반면 정신 무장은 물론, 모든 상황이 완벽하게 준비되었을 때 시작한다는 사람도 있다. 결심만으로는 부족하다고 여겨 사명감이나 목표 의식이 몸속으로 흘러들어오기를 기다리는 모습도 있다.

완벽한 준비, 완벽한 마음까지 모두 좋다. 하지만 완벽한 시작은 없다.

그림 그리기를 좋아하는 사람이 있다고 가정해 보자. 그림을 그릴 수 있는 완벽한 시간은 언제 생길까? 그림을 그릴 수 있는 완벽한 마음은 어떤 상태일까? 책 읽는 습관을 지니고 싶은 사람이 있다고 가정해 보자. 일을 끝내고 녹초가 된 몸을 이끌고 집에 돌아온 사람이 완벽한 마음으로 책을 붙잡을 수 있는 시간은 언제일까? 언제가 책을 읽을 수 있는 완벽한 상황일까?

어떤 장면도 완벽하다고 말하기 어렵다. 그러므로 완벽한 시작이 아니라 작은 시도가 중요하다. 한 시간이 아니라 자투리 시간이라도 활용해 보겠다는 마음가짐이 필요하다.

자투리 시간 활용은 충분한 가치를 지니고 있다. 불을 끄기 전에 10분 책을 읽거나 저녁을 먹고 식탁 정리를 끝낸 후 30분 정도 그림을 그리는 방법도 좋다. 무의식적으로 반복하는 것에 자신이 원하는 행위를 덧붙여 그 자체를 하나의 덩어리로 만들면 자투리 시간을 활용하는 것에도 도움이 되고, 습관으로 만들기 쉽다.

자투리 시간을 쓸모없는 시간이라고 여기는 경우가 많다. 5분, 10분 동안 한다고 무슨 성과가 있겠냐고 얘기한다. 틀린 말이 아니다. 5분 10분으로는 어떤 성과도 나지 않는다. 하지만 10분에 대한 평가는 사람마다 제각각이다. '그거 해서 뭐가 달라지겠어?'라고 말하는 사람이 있는가 하면 '10분이면 무엇을 해도 할 수 있지'라고 얘기하는 사람도 있다.

5분을 일주일 동안 진행하면 얘기가 달라진다. 10분을 한 달 동안 지속하면 성과가 생긴다. 책을 하루에 10분 동안 읽는다고 가정하면 산술적으로 한 달이면 300분이 나온다. 웬만한 책 한 권은 읽을 수 있는 시간이다.

10분의 기적이라는 말이 있다. 자투리 시간을 살려본 경험이 없는 사람에게 10분은 무용지물이지만, 자투리 시간을 활용하는 사람은 10분을 새로운 습관을 만들 기회로 받아들인다는 것을 기억했으면 좋겠다.

마지막으로 자투리 시간과 함께 여유 시간을 확보하라는 얘기도 함께 전하고 싶다. 여유시간을 확보해야 한다. 식당에서도 영업을 준비할 때 여유분을 준비하고, 비행기에도 여유 좌석을 마련해 둔다.

문제가 생겨나기를 바라는 것이 아니라, 예상하지 못한 상황에 대비하기 위함이다. 마무리하지 못한 일을 해야 할 수도 있고, 중요한 일이 생길 수도 있다. 몸이 지친 경우에는 휴식을 취할 수 있어야 한다.

자유롭게, 마음대로 보낼 수 있는 여유 시간을 확보해 놓자. 일을 마무리하는 시간으로 활용하든, 몸과 마음의 안정을 되찾는 일에 활용하든, 여유시간을 활용하면 컨디션을 유지하는 데 도움이 된다. 자투리 시간이 활용의 개념이라면 여유 시간은 충족의 개념이다.

일어나면
잠자리부터 정리하라

뇌에서 순서를 정해 지시해도 민첩하게 움직이는 일은 쉽지 않다. 지시를 해도 마음이 허락해야 하고, 마음이 허락한다고 해도 신체적으로도 결함이 없어야 가능하다. 상황이 그럴듯하게 갖춰지면 그제야 몸이 말을 건넨다. '슬슬 움직여 볼까'라고.

"아침에 일어나면 잠자리부터 정리하고 뇌에게 말하세요. 이제 ON이야."

언젠가 아침에 일어났을 때 힘이 없고, 의욕이 없다고 걱정하는 사람에게 해 주었던 말이다.

신호를 받자마자 벌떡 일어나서 실행하면 좋지만 쉽지 않다. 그래서 뇌에게 신호를 보내주라고 얘기했다. 마치 ON, OFF 스위치가 있는 것처럼 말이다.

"ON이야. 일어날 시간이야."
"조금만 더 자면 안 될까?"
"ON이야. 일어나서 잠자리 정리해야지."
"대충 치우고 나가면 되지 않을까?"
방심한 틈을 타고 고민이 생겨나면 단호하게 대처해야 한다.
"잠자는 숲속의 공주는 OFF. 이제 ON이야. 일어나서 잠자리 정리해야지."

하루는 잠자리에서 일어나는 것에서부터 시작된다. 잠자리를 정리하는 일은 경계를 긋는 행위이다.

새로운 하루가 시작되었다는 것을 선포해야 한다. 잠자리를 정리하는 것은 아주 사소해 보이지만 이런 아주 작은 행동도 뇌는 신호로 받아들이고 의욕을 부추겨 작업 흥분을 유도한다.

당신이 반복적으로 신호를 보내면 뇌는 그것을 좋은 것을 이해하고 따르려고 한다. 당신의 마음속 스위치를 적극적으로 활용해야 한다. ON, OFF 스위치를 활용하여 지속해서 뇌에게 신호를 주어야 한다. 불확실한 것을 좋아하지 않는 것처럼 뇌도 확실하고 분명한 것을 좋아한다는 것을 기억하자.

출근하기 전까지 부모였지만 회사 현관문을 밀고 들어서는 순간, 당신의 뇌에서는 다른 스위치가 켜져야 한다.

"지금부터는 직장인이야. 직장인 모드 ON"
"지금부터는 꿈을 만드는 시간이야. 꿈 디자이너 ON"

퇴근하여 집으로 돌아온 순간, 당신은 다른 스위치를 켜야 한다.
"지금부터는 아빠야. 다정한 아빠 ON"
"지금부터는 엄마야. 친절한 엄마 ON"

만약 10분 책 읽기를 실행하기로 했다면, "지금부터는 독서 시간이야. 10분 독서 ON"이라고 뇌에게 속삭여주자.

상대방의 시간을 귀하게 대접하라

약속 장소에서 상대를 기다리고 있다. 약속 시간이 지났지만 상대방은 미리 연락도 주지 않고 10분 늦게 도착했다. 10분 동안 당신은 그 사람을 기다렸다. 그가 미안하다는 말과 함께 자리에 앉는다.

비슷하지만 조금 다른 상황이 벌어졌다. 약속 시간을 10분 정도 남겨놓고, 갑자기 사정이 생겨 20분 정도 늦을 것 같다며 미안하다는 말과 함께 서두르겠다는 문자가 왔다. 당신은 20분 동안 그 사람을 기다렸다. 그가 미안하다는 말과 함께 자리에 앉는다.

당신이라면 어떤 상황에 놓이기를 원하는가?

영국 내각 국제 개발부의 부장관 마이클 베이츠가 노동당 의원의 질의에 답변해야 하는 자리에 늦게 참석했다고 한다. 그는 자신의 잘못에 대해 진심으로 사과하며 즉각 사임안을 총리에게 제출하겠다고 말했다. 합법적인 질의에 대해 최대한 예의범절을 갖춰야 하는데, 그렇게 하지 못했다면서 사임 배경을 밝히는 마이클 베이츠를 보면서 평소 그가 어떻게 생활하는지 짐작이 갔다. 그가 왜 다른 사람에게 존경받는지 알 것 같았다.

당신의 시간뿐만 아니라 상대방의 시간도 소중하다는 인식이 필요하다.

당신의 시간은 혼자 감당하면 그만이지만, 약속

에는 상대방의 시간도 함께 담겨 있다.

사람마다 시간을 인식하는 방식이 다르고, 활용하는 방법도 다르다. 시간을 맞추기 위해 이전에 어떤 일이 있는지, 이후에 어떤 일정을 조절했는지 알 수 없다. 약속은 신뢰라는 가치를 바탕으로 한다. 약속만 잘 지켜도 믿음직한 사람이 된다.

시간 활용과 관련하여 규칙이나 원칙이 없는 사람이 있지만, 믿음과 신뢰의 연장선으로 받아들여 엄격하게 다루는 사람이 있다. 신뢰는 쌓기는 어려워도 무너지는 건 한순간이다.

시간 약속을 잘 지킨다는 개념에는 시간을 잘 관리한다는 것을 넘어 상대방과 상대방의 시간까지 소중히 다룬다는 메시지가 담겨있다.

어느 강연에서 "누군가의 됨됨이를 알고 싶으면 그가 작은 약속을 어떻게 대하는지를 살펴보라"라는 말을 들은 적이 있다.

작은 약속, 큰 약속은 없다. 당신의 시간과 상대방의 시간이 함께 담긴 약속을 소중하게 다루자. 당신의 시간도 소중하게 다루고, 상대방의 시간도 소중하게 다룬다는 것을 보여주자. 시간 관리가 아니라 인생 관리라는 것을 잊지 말자.

당신만의
스마트폰 사용 규칙을 만들어라

무심하게 사람들을 관찰하다가 공통점을 발견했다. 바로 스마트폰이 가장 가까운 곳에 놓여있다는 것이었다. 지하철에서도, 버스에서도, 카페에서도, 도서관에서도 곁에는 하나같이 스마트폰이 놓여있었다. 확실히 스마트폰이 필수품인 시대이다.

스마트폰으로 하루를 시작하고 마무리한다고 해도 과언이 아니다. 많은 사람이 스마트폰의 알람 소리를 듣고 잠에서 깨어난다. 잠자리에 들 때의 상황도 비슷하다. 내일 아침 알람 소리를 잘 들을 수 있도록 스마트폰을 가져가 머리

맡에 둔다. 약간만 방심하면 스마트폰을 들여다
보는 것이 문제이긴 하지만, 생활에서 우리는
스마트폰과 동고동락하고 있다.

스마트폰은 매력적이다. 배움의 기회가 있고,
즐길 수 있는 것도 넘쳐난다. 최신 정보를 빠르
게 얻을 수 있고, 어려운 문제를 해결하는 데 적
절한 도움을 받기도 한다. SNS는 고립되어 있
지 않고 사회적 관계를 유지하고 있다는 안도감
을 심어준다. 그러나 이러한 장점에도 불구하고
시간을 잘 관리하고 싶은 사람이라면 스마트폰
과 거리를 유지해야 한다. 스마트폰이 현대인의
생활에 도움을 주는 것은 분명하지만 그로 인한
부작용도 만만치 않다.

평균 10명 중의 9명이 스마트폰을 가지고 있으
며, 하루 평균 3시간 이상 스마트폰을 사용한다

는 기사를 보았다. 스마트폰이 눈에 보이지 않으면 불안하다는 사람도 많았다. 자극적인 영상이나 신호에 적응되어 현실감각이 무뎌지는 것은 물론, 수면 장애와 거북목증후군을 일으키는 요인, 조기 노안의 원인으로 스마트폰이 지목되고 있다.

당신은, 당신이 하루에 얼마나 스마트폰을 사용하고 있는지 점검해 본 적이 있는가? 당신은 스마트폰을 어떤 용도로 활용하고 있는지 생각해 본 적이 있는가? 스스로 정한 스마트폰 사용 규칙이 있는가?

어떤 일에 집중하고 있다가도 메신저나 SNS가 울리면 무의식적으로 스마트폰을 가져오는 경우가 많다. 답장을 보내려고 펼쳤다가 잠깐 휴식 시간을 가져야겠다고 생각하고는 자주 사용하는 앱을 열어 새로운 정보가 없는지 살피게 된다. 궁금해하던 뉴스가 올라온 것을 보고 검색하다가 시간이 30분이나 지났음을 깨닫는다.

'어디까지 했더라?'
'이게 아닌데? 여기서부터인가?'

만약 30분이 아니라, 1시간 흘렀다면 어떻게 될까? 시간 안에 끝내야 하는 일이었다면 어떻게 될까? 유혹을 참지 못하고 스마트폰을 잡은 자신을 한심하게 여기며 답답해하지 않을까?

스마트폰을 곁에 두고 있으면 집중력을 발휘하는 일이 쉽지 않다. 흐름이 끊기는 것을 막기 위해서는 자제력을 발휘해야 하는데, 유혹을 떨쳐버리기가 쉽지 않다. 곁에 있으면 잠깐만 확인해야겠다고 붙잡았다가 몇 시간을 그냥 흘려

보낼 수 있다.

스마트폰은 경계 대상이다. 특히 집중력을 발휘해서 일해야 하는 상황이면 더욱 그렇다. 눈에서 보이지 않으면 마음에서도 멀어진다. 시간을 잘 관리하는 당신이 되고 싶다면, 스마트폰도 함께 관리해야 한다. 생각보다 많은 부분에서 심리적으로, 신체적으로 스마트폰은 당신에게 영향력을 행사하고 있다.

일에 집중할 때는 진동 또는 무음으로 해놓거나 아니면 가방에 잠시 넣어두자. 스마트폰 사용 규칙을 만들고, 사용 시간을 정해 당신의 시간을 보호하자.

정말 긴급한 경우에는 전화가 걸려 온다.

문자 또는 메신저의 경우도 마찬가지이다. 30분, 1시간 뒤에 확인하고 답장한다고 문제가 생기는 경우는 많지 않다. 거기에 당신의 스마트폰 사용 스타일을 알고 있다면 다른 사람도 이해해 준다. 지금 중요한 일을 하고 있어서 확인을 못 하고 있구나, 빠른 답장이 오지 않더라도 확인하면 연락을 줄 거라는 생각으로 믿고 기다려준다. 무조건 나쁜 것은 아니지만 조심해서 다루어야 하는 것이 있다. 그게 스마트폰이다.

스마트폰을 두고 '시간 도둑'이라고 얘기한다. 스마트폰이 당신의 시간을 집어삼키는 것을 이대로 그냥 둘 것인가?

지피지기 백전불태
(知彼知己 百戰不殆)

지피지기 백전불태 (知彼知己 百戰不殆). 고대 중국의 병법서 「손자」에서 유래된 말이다. 적을 알고 나를 알면 백 번을 싸워도 위태롭지 않다는 의미이다. 지피지기 백전백승(知彼知己 百戰百勝)이라는 말도 있는데, 적을 알고 나를 아는 것이 중요하다는 맥락에서는 차이가 없다.

시간을 적으로 삼을 필요는 없지만 모르는 것은 두려움의 대상이 될 수밖에 없다. 시간을 알 필요가 있다. 시간을 어떻게 활용하는 것이 현명한 방법인지 배울 필요가 있다. 나이가 많은 분 중에 이렇게 말하는 사람이 있다.

"시간이 조금만 더 있었더라면"

"내가 조금만 더 젊었더라면"

하지만 젊은 시절부터 시간을 잘 활용하기 위해 노력하며 살아온 사람은 달랐다. 그들은 지난 시간을 되돌아보면서 후회하거나 아쉬워하지 않았다. 시간 속에 자신을 맡기고 시간과 함께 흘러간다고 여기는 모습이었다. 인생에서 가장 중요한 것이 무엇인지를 중심으로 주어진 시간에 최선을 다하는 방식이었다.

그들은 중요한 일을 할 때 방해 요소를 사전에 차단했다. 함께 보내야 하는 시간과 혼자 보내야 하는 시간을 구분하는 일에도 능숙했다. 의미를 지닌 좋은 행동을 습관이 될 때까지 꾸준히 반복했다. 그래서일까, 그들은 결코 이런 말을 하지 않았다.

"시간이 조금만 더 있었더라면"

"내가 조금만 더 젊었더라면"

시간의 속성을 이해해야 한다. 시간의 흐름을 인지해야 한다. 시간의 가치를 인식해야 한다. 적인지, 아군인지 구분할 수 없는 상황에서 시간이 당신을 돕는 아군이 되도록 만들어야 한다. 당신에 대해서도 알아야 한다. 어떤 것에 얼마만큼의 노력을 기울이고 싶은지 개별적이며, 독특한 당신의 개성이 드러나는 방향성을 확보해야 한다.

우선순위를 가지고 있으며, 가치관이 분명한 사람은 일상생활에서 조율이 쉽다. 시간이나 일에 대한 판단 기준이 명확하다. 원하는 것에 대한 열정이 지속되고 있는지, 선(善) 한 의도를 유지하는 선택인지, 공존하는 삶에 부합하는지를 바탕으로 주도적으로 결정하고 행동한다. 그들에게 누군가의 평가는 중요하지 않다. 언제든 변할 수 있는 것은 기준이 될 수 없다는 사실을 누구보다 잘 알고 있기 때문이다.

당신이 누구인지, 어떤 사람인지 알아야 한다. 당신의 인생에서 중요한 것이 무엇인지, 당신의 가치관이 방향성을 잘 유지하고 있는지 점검해야 한다.

인생은 마치 파도를 타는 것과 같아서 언제든 충돌이 생겨날 수 있다. 내일 충돌이 일어날 수도 있고, 1년 후, 아니면 10년 후에 일어날 수도 있다.

지금부터 준비하지 않는다고 해서 당장 큰일이 생기지는 않는다. 당신에 대한 정보가 부족하다는 이유로 문제가 생기는 것도 아니다. 시간을 관리하지 않는다고 해서 갑자기 인생에 위기가 찾아오지 않는다. 다만 조금 더 시간이 흐른 어느 늦은 오후, 당신도 모르게 이런 말을 내뱉을지도 모른다는 사실이다.

"시간이 조금만 더 있었더라면"
"내가 조금만 더 젊었더라면"

시간이나 일에 대한 명확한 판단 기준을 가지고
주도적으로 결정하고 행동해야 한다.

누군가의 평가는 기준이 될 수 없다.
언제든 변할 수 있는 것은
기준이 될 수 없다.

마감일을 정하고,
보상 제도를 활용하라

사람의 몸속에는 도파민이라는 신경전달물질이 있다. 신경전달물질인 도파민은 사람이 어떤 행동을 했느냐, 어떤 보상을 해주었느냐에 따라 다른 양이 분비되는데 도파민이 많이 분비되면 행복감, 성취감을 더 많이 경험한다. 특히 도파민은 예상하지 못한 보상에 더 많이 분비되는데 과다한 도파민 분비는 문제가 있겠지만, 도파민에는 어떤 행동을 지속하게 만드는 힘이 숨어 있다.

시간을 잘 관리하는 것은 의지의 영역보다는 습관의 영역이다. 그래서 머릿속에서 할까, 말까를 두고 고민하지 않도록 계획하고 실행하는 습관으로 정착될 때까지 훈련이 필요하다. 이럴 때 '보상 제도'를 활용하면 좋다. 기존에 하지 않았던 것을 새롭게 시작한다는 것은 그 자체가 어려운 과제이다. 그럴 때 보상 제도를 적극적으로 동원하자. 보상은 만족감을 목표로 한다. 성취감과 자부심을 느낄 수 있는 적절한 보상을 통해 보람을 느끼면 저항을 줄일 수 있다.

시험을 치고 바로 백 점이라는 결과를 받으면 어떤 것을 해내었다는 성취감과 함께 기분이 좋아진다. 즉각적인 보상이 이루어진 경우이다.

"기분이 너무 좋아. 다음에도 비슷한 감정을 경험하고 싶어."

좋은 기분, 긍정적인 감정이라는 보상이 주어지

면 머릿속에는 욕구가 생겨난다. 비슷한 감정을 또다시 경험하고 싶다는 욕구 말이다. 이런 경우는 즉각적인 보상을 넘어 지속해서 유지할 수 있는 자극제가 되어준다. 보상이 행동을 유도하는 강력한 도구가 된 셈이다.

반면 시험을 쳤는데 결과가 좋지는 않았다. 노력이 반영되었다고는 하지만 아쉬움이 생기는 것은 어쩔 수 없었다. 우울한 기분으로 집에 돌아오니 부모님이 맛있는 저녁을 준비해 놓고 영화표 두 장을 건네주었다. 시험을 끝내면 친구와 함께 보러 갈 예정이었지만, 결과가 좋지 않아 어떻게 할지 고민하고 있었던 영화였다. 영화표를 건네주면서 부모님은 이렇게 덧붙였다.

"표정을 보니, 만족할 만큼은 아닌가 보다. 하지만 누구보다 열심히 준비했다는 것을 우리는 알고 있단다. 머리도 식힐 겸 내일은 친구와 영화도 보고 같이 밥도 먹으면서 시간을 보내면 어떨까?"

즉각적으로 좋은 기분, 긍정적인 감정이라는 보상은 아니지만, 위로나 공감의 형태로 보상이 주어진 경우이다. 만약 부모님의 보상이 없었더라면, 노력에 대한 인정을 어디에서도 받지 못했다면, 우울한 느낌을 혼자 며칠 동안 그대로 껴안고 있었다면 어떻게 되었을까? 도파민 분비는커녕, 의욕이 상실되는 것을 피하기 어려울 것이다.

부모님의 보상은 완벽한 감정 변화를 끌어내지는 못하지만, 우울감이 줄어들면서 감사, 고마움, 도전, 용기와 같은 긍정 감정이 되살아나는 데 분명 도움이 된다.

그런데 이때 부모님의 보상이 하루, 이틀, 며칠 뒤에 이루어졌다면 어떻게 되었을까? 우울한 감정으로 혼자 며칠을 힘들게 보낸 어느 저녁, 비슷한 상황을 맞이했다면 어떠했을까? 즉각적인 보상과 차이가 있을까? 즉각적인 보상과 시간이 경과된 후의 보상에 관한 연구 자료를 살펴보면 즉각적인 보상이 훨씬 더 효과가 좋다고 한다. 그런 측면에서 당신의 노력에 대해 즉각적인 보상은 유의미하다. 다른 누군가가 해 주지 않더라도 스스로 보상해 주어라. 노력을 칭찬하고, 응원의 메시지를 보내주어라.

그리고 한 가지. 보상은 정해진 기간에 정해진 과업을 달성했을 때 가장 효과적이다. 일을 잘 완성하기 위한 노력이 인정받는 순간이고, 동시에 성취감을 경험하는 순간이다.

사흘, 일주일, 한 달. 시간 관리 계획을 세우고 실천한 당신에게 만족감을 선물해 주어라. 일 년의 시간을 잘 관리한 것을 자축하는 의미로 여행 계획을 세워 다이어리 옆에 붙여두는 것도 멋진 방법이다. 사고 싶었던 옷을 산다거나 좋아하는 뮤지컬 공연 표를 예매해서 다이어리에 가지고 다니는 것도 좋다. 작은 성공 경험을 지닐 수 있도록, 좋은 시스템을 구축할 수 있도록 스스로 도와주어라.

한 번도 해보지 않았던 것, 굳이 하고 싶지 않았던 것을 익숙하고 좋아하는 것으로 만들어가는 과정이다. 위기를 극복하고, 꾸준함을 발휘할 수 있도록 전략적으로 접근해 보자. 목표를 달성하는 방법에 전력 질주만 있는 것은 아니다.

삶이 그대를 속이더라도
노여워하지 말라

〈신과 함께〉라는 영화에서 해원맥과 덕춘은 자신의 과거에 대해 알고 있는 성주신에게 천 년 전의 비밀을 알려달라고 얘기한다. 성주신은 어떤 인연이었는지, 과거의 인연이 지금 어떻게 살아가고 있는지를 전하면서 마지막 메시지를 남긴다.

"나쁜 사람은 없다는 거…."
"나쁜 상황이 있는 거지"

시간을 관리한다고 해서 언제나 계획대로 되는 것도 아니다. 계획이나 목표가 없어서 시간 관리를 하지 못하는 것이 아니라 예상하지 못한 상황으로 인해 차질이 생겨날 수 있다.

시간 관리의 핵심을 자기관리라고 얘기하지만, 모든 상황을 통제할 수 없다. 삶이 당신을 속인다는 느낌이 들게 하는 일이 생겨난다. 여기저기에서 쏟아지는 최신 정보는 혼란을 일으켜 의지력을 시험당하기도 한다. 고도의 집중력으로 끈기를 발휘해 보지만 방황하고, 흔들릴 수 있다.

모든 상황을 통제할 수 있다는 생각을 내려놓아야 한다. 통제할 수 있는 것이 있다면 오로지 당신과 직접적으로 관련된 것만 가능하다.

아침밥을 먹을 것인지, 먹지 않을 것인지는 당신의 결정권이 힘을 발휘할 수 있다. 하지만 구내식당에서 당신이 싫어하는 메뉴가 나오는 것을 막을 방법은 없다. 갑작스럽게 보고서를 제출해야 하는 상황을 피할 길은 없다.

짜장면을 좋아하는 사람에게 짬뽕을 먹게 할 수 없고, 속상해서 울고 있는 사람에게 울음을 그쳐야 한다고 요구할 수도 없다. 억울한 마음을 호소하는 사람에게 억울해하지 말라는 얘기는 소용없다. 당신이 통제할 수 있는 것은 오직 당신뿐이다. 어떤 상황이나 감정, 생각을 당신이 통제할 수 있다는 생각을 내려놓아야 한다.

호의적이지 않은 상황이 갑자기 생겨나면 많은 사람이 평정심을 잃고 당황한다. 그럴 때 당신이 가장 먼저 해야 할 일은 상황을 받아들이는 것이다. 다른 누군가에게 생겨날 수 있는 일은 나에게도 일어날 수 있음을 기억해야 한다. 절대로 일어나서는 안 되는 일이 생긴 게 아니라

'그럴 수도 있는 일'이 생겼다는 방향으로 감정을 이끌어야 한다. 이것이 최고의 선택이다.

"생각하지도 않은 상황이 벌어졌어."
"잠깐만, 어떤 상황인지 점검해 보자"
"지금 할 수 있는 제일 나은 선택은 무엇일까?"

상황과 감정을 빨리 인정하고 받아들이는 것이 중요하다. 그러고는 어떻게 하면 문제를 해결할 수 있을지 심리적 거리를 줄여나가야 한다. 긴급한 것이라면 먼저 처리하고, 중요하지도 긴급하지도 않다면 방해꾼에게 잠시 기다리라고 얘기하면 된다.

당신이 흔들리지 않고 중심을 잘 잡는 것이 중요하다. '이럴 수는 없어'라는 마음은 전혀 도움되지 않는다. 다른 사람에게 생겨날 수 있는 일은 언제든 당신에게도 생겨날 수 있다.

기억하자. 시간을 잘 관리한다는 의미에는 감정을 잘 관리한다는 메시지가 함께 포함되어 있다. 계획대로 시간을 활용하기 위해 노력해야겠지만, 계획대로 진행되지 않을 수 있다는 가능성을 항상 열어두어야 한다.

감정도
시간의 그림자를 피하지 못한다.

시간이든 감정이든
당신이 이끄는 방향으로 흘러간다.

좋은 습관이
좋은 인생을 만든다

「시간 관리 시크릿」은 오랜 시간 다이어리를 통해 시간을 관리하면서 느꼈던 생각이나 감정, 그리고 지금노 실천하고 있는 것을 한 권으로 엮은 것이다. 시간 관리에 관한 개인적인 경험을 모두 담았다고 해도 과언이 아니다.

나는 믿고 있다. 오늘 하루를 잘 관리하는 것이 인생을 잘 관리하는 가장 확실한 방법이라고.

이번 생(生)에 나에게 주어진 역할을 잘 수행하고 싶다는 마음, 진정으로 이루고 싶은 것을 달성하고 싶다는 마음, 시간이 흘러 되돌아보며 후회하고 싶지 않다는 마음으로 꾸준히 시간을 기록하고 관리한다.

어떤 경험을 통해 믿음을 가지게 되면 가치관은 영향을 받게 된다. 가치관은 다음 선택과 행동에 대해 방향을 제시하며 동일한 가치관을 따르도록 유도한다. 많은 일이 받아들이기, 선택하기, 행동하기라는 순환구조를 가진다. '시간을 꼭 관리할 필요가 있을까?'라고 묻고 싶은 사람에게 해주고 싶은 말이 있다.

"일단 받아들이고 한번 해보는 게 어때요?"

「차라투스트라는 이렇게 말했다」에서 그의 짐승들이 차라투스트라에게 물었다.

"아, 차라투스트라여. 그대는 자신의 행복을 기다리고 있는가?"
차라투스트라는 대답한다.

"행복이라니! 행복에 뜻을 두지 않은지 이미 오래다. 다만 나의 일을 생각할 뿐이다."

나는 성공하기 위해서 살고 있지 않다. 나는 행복하기 위해서 살고 있지도 않다. 나의 일을 생각하고, 나의 오늘을 생각하고, 나의 인생을 생각할 뿐이다.

다이어리를 활용하여 시간을 기록하고 관리하는 습관은 용두사미(龍頭蛇尾)의 대표 주자를 끈기 있는 사람으로 만들어 주었다. 나에게 효과가 있었으니 분명 당신은 더 큰 만족감을 경험하게 될 것이다.

시간을 관리하는 것이 인생을 관리하는 것이라는 생각을 지닌 이후부터 누구보다 열심히 일하는 중이다. 내 곁에 있는 소중한 사람들과 시간을 보내는 일도 더욱 즐거워졌고, 나의 시간을 소중히 다루려는 마음은 곁에 있는 사람의 시간도 소중하게 바라보게 했다.

이번 책이 시간의 본질을 이해하고 시간 관리를 넘어 자기 관리, 인생 관리로 확장하는 기회의 장이 되면 좋겠다. 시간에 대한 제어와 조절을 통해 더 큰 성취감을 향한 출발점이 되면 좋겠다. 무엇보다 당신의 시간을 넘어 당신 곁에 함께 머무는 이들의 시간에 대한 깊은 애정으로 이어지면 좋겠다.

시간을 잘 관리하는 당신에게 찾아갈 평온함을 미리 응원한다.

인생은
당신이 활용한
시간의 합계에 불과하다.

당신의 시간이
당신의 오늘을 설명하고
당신의 내일을 만든다.

시간 관리 시크릿 (개정판)

시간을 관리하는 습관 만들기 4단계

개정판 1쇄 2024년 5월 3일

지은이 윤슬

펴낸곳 담다
펴낸이 김수영
경영지원 최이정 **편집·디자인** 김은정 서민지

출판등록 제25100-2018-2호 | 2018년 1월 5일
주소 대구광역시 달서구 조암로 38, 2층
이메일 damdanuri@naver.com
전화 070.7520.2645
인스타 @damda_book

ISBN 979-11-89784-18-8 (03320)